Harry Feldmann

Programmieren in Pascal

Harry Feldmann

Programmieren in
Pascal

Ein einführendes Lehrbuch mit Diskette

Die Deutsche Bibliothek - CIP-Einheitsaufnahme

Feldmann, Harry:
Programmieren in Pascal : ein einführendes Lehrbuch mit
Diskette / Harry Feldmann. - Braunschweig ; Wiesbaden :
Vieweg, 1992

Pascal is specified by the "Specification for Computer Programming Language Pascal,
ISO 7185-1982" (International Organisation for Standardization)

ISBN-13: 978-3-528-05261-4   e-ISBN-13: 978-3-322-86159-7
DOI: 10.1007/ 978-3-322-86159-7

Das in diesem Buch enthaltene Programm-Material ist mit keiner Verpflichtung oder Garantie
irgendeiner Art verbunden. Der Autor und der Verlag übernehmen infolgedessen keine Verantwortung
und werden keine daraus folgende oder sonstige Haftung übernehmen, die auf irgendeine Art aus der
Benutzung dieses Programm-Materials oder Teilen davon entsteht.

Der Verlag Vieweg ist ein Unternehmen der Verlagsgruppe Bertelsmann International.

Gedruckt auf säurefreiem Papier

VORWORT

Das vorliegende Lehrbuch entstand aus Vorlesungen über die Programmiersprache Pascal, die der Verfasser seit 1978 an der Universität Hamburg für Studierende aller Fachrichtungen gehalten hat.

In diesem Buch wird der mündige Leser angesprochen, der bei Einarbeitung in ein umfangreiches Gebiet nach einer ersten Übersicht, klarem Aufbau, folgerichtigen Regeln und vollständiger Vermittlung der erforderlichen Unterlagen verlangt. Außerdem werden nach der Devise "Das beste an der Theorie sind immer die Beispiele" in den 9 Kapiteln über 30 ausführliche Programm-Beispiele mit Ein/Ausgabe gebracht, die auch auf der mitgelieferten Diskette zu finden sind.

Pascal, eine sich selbst dokumentierende höhere Programmiersprache, ist wie seine nächsten Vorgänger SIMULA, PL/I und Algol_60 eine universelle Sprache und war Wegbereiter für "strukturiertes Programmieren", allerdings noch mit veralteten ALGOL_60 Kontrollstrukturen, die schon damals durch ALGOL_68 Kontrollstrukturen und später durch Ada-Kontrollstrukturen an Einfachheit und Effizienz übertroffen wurden. Pascal ist noch nicht modular-strukturiert wie SIMULA, MODULA, Ada, SMALLTALK, hat noch kein Konzept für parallele Prozesse wie SIMULA, Ada, SMALLTALK und noch keine Graphik wie SMALLTALK. Entwickelt wurde Pascal (revised 1975) von N. Wirth (TH Zürich). Seit 1982 gilt der ISO Pascal Standard.

Das Erfolgsrezept, möglichst viele Leser mit grammatisch orientierter Darstellungsweise zu erreichen, liegt in der gewählten Notation für die Grammatik. Wir verwenden die eigens für Pascal von Wirth entwickelten leicht lesbaren Syntax-Diagramme, die im Buch verteilt und im Anhang A.1 zusammengestellt sind.

Um Sprachbarrieren abzubauen, wurden alle grammatischen Formulierungen aus dem Englischen ins Deutsche übersetzt, jedoch scheut sich der Autor nicht, im deutschen Text auch öfter die englischen Fachausdrücke zu benutzen, besonders wenn auf das englischsprachige Syntax-Diagramm Bezug genommen werden soll.

Die Kapitel 0 (Einleitung), 1 (Einfache Datentypen und Ein/Ausgabe), 2 (Einfacher Programmaufbau), 3 (Ausdrücke), 4 (Anweisungen) und 5 (Reihung, ARRAY) sollten vom Leser in der angegebenen Reihenfolge durchgearbeitet werden. Sie vermitteln die Grundlagen. Darauf folgen die für strukturiertes Programmieren besonders interessanten Sprachmöglichkeiten: Zeiger und Verbund (Kapitel 6), Unterprogrammtechnik (Kapitel 7) und Dateien (Kapitel 8).

Am Schluß eines jeden Kapitels findet der Leser eine Liste von Testfragen, die entsprechend der Gliederung des Kapitels angeordnet und beziffert sind und ihm eine Kontrolle über seinen Wissensstand ermöglichen. Rechts neben den Fragen sind die Anworten zu finden, die der Leser abdecken und nur im Bedarfsfall einsehen sollte. Außerdem sind im Anhang über 100 Übungsaufgaben (Varianten mitgezählt) genannt, darunter viele nichtnumerische Aufgaben. Als Musterlösungen mögen die in den Kapiteln 0 bis 7 behandelten über 30 ausführlichen Beispiele und die vielen Kurzbeispiele dienen.

Der Leser sollte nie nach einem Buch allein vorgehen. Es könnte passieren, daß ihm einzelne Textstellen unverständlich bleiben und er folglich demotiviert wird. Meist findet er schon im nächsten Buch Hilfe zum Verständnis. Ein Literaturverzeichnis ist im Anhang dieses Skripts zu finden. Die gewählten Bücher sollten nicht vor der Standardisierung von Pascal (1982) erschienen sein. Es sollte das volle ISO-Pascal vermittelt werden, keine Subsets, die fehlende Pascal-Bestandteile, wie z.B. Unterprogramme als Parameter (7) oder Datei-Puffer (8) durch Pseudo-C/Ada Bestandteile zu kompensieren suchen und an Zusatzbezeichnungen wie "Zirkus-Renz-Galopp"-Pascal zu erkennen sind. Außerdem sollte etwa alle drei Seiten ein vollständiges Programmbeispiel mit vollständiger Wiedergabe aller Ein- und Ausgabedaten zu finden sein.

Die Original ISO Pascal Spezifikation (82) ist hinreichend klar gegliedert, aber nur für Fortgeschrittene bestimmt, die gewohnt sind, mit Sprachreports und formalen Sprachregeln umzugehen.

Pascal-Ausdrücke sind weitgehend in üblicher mathematischer Formelschreibweise abgefaßt, nicht so streng nach Typen getrennt wie in Ada, ggf. mit impliziten Typkonvertierungen, aber auch nicht so frei konvertierbar wie in BASIC, z.B.

```
mit VAR X:REAL     implizite Konvertierung:  X:=1
mit VAR I:INTEGER  explizite Konvertierung:  I:=ROUND(1.9)
```

Pascal-Anweisungen werden wie in ALGOL_60 durch Semikolon getrennt, müssen aber nicht wie in PL/I stets mit Semikolon abgeschlossen werden, z.B.

```
WRITE('X');IF X<0 THEN WRITE('<0') ELSE WRITE('>=0')
```

Leider sind, wie in ALGOL_60, IF-Anweisungen und FOR-Anweisungen nicht durch eigene Begrenzer abgeschlossen ("open end festival"), was zu Mehrdeutigkeiten oder zur BEGIN...END Inflation führt. Auch müssen, wie in ALGOL_60, FOR-Laufparameter noch vorher ("doppelt") außerhalb der FOR-Schleife vereinbart werden, was aufwendig ist und dem Prinzip der Abgeschlossenheit von FOR-Schleifen widerspricht. Mit verbalen Nebenabreden müssen diese Kontrollstrukturfehler wieder behoben werden.

Besser als in ALGOL_60, bereits vergleichbar mit Ada, wurde in Pascal dafür gesorgt, daß der maximal schnelle Ablauf einer FOR-Schleife nicht gestört werden kann, z.B.

```
FOR I:=1 STEP 1 UNTIL 9 DO WRITE(I)
```

Das Laufinkrement ist stets der ordinale Nachfolger, Laufparameter und Laufgrenzen können innerhalb der Schleife nicht wirksam verändert werden (give a fool no chance). Leider gibt es für Pascal-Schleifen außer unstrukturiertem GOTO noch keine moderne EXIT Konstruktion wie in Ada.

Anders als sonst in der ALGOL-Familie üblich, können in Pascal leider keine ARRAY's mit dynamisch einlesbaren Indexgrenzen vereinbart werden. Dieser Mangel wurde bei der ISO Pascal Standardisierung (level 1) etwas ausgeglichen durch Neuhinzunahme des Konzepts der konformen Reihungsschemata bei der Unterprogramm-Parameterübergabe (Kapitel 7).

Die vorhandenen Ein/Ausgabeprozeduren READ/WRITE mit Argument (leider variable Argument-Anzahl) und optionalen Format-Parametern sind hinreichend einfach zu handhaben.

Meinen Hörern und studentischen Mitarbeitern, insbesondere Herrn T. Fricke, A. Fricke, R. Pahl und meinem Sohn Lutz Feldmann bin ich für die kritische Durchsicht des Skripts und für Änderungsvorschläge zu Dank verpflichtet. Für freundlichen Zuspruch bei der Veröffentlichung dieses Buches danke ich den Herren A. Schubert (Fassung 1983) und R. Klockenbusch (vorliegende Neufassung) vom Vieweg Verlag (Wiesbaden). Für klärende Diskussion auftretender Fragen danke ich Herrn R. Nicolovius (Hamburg).

H. Feldmann

Empfehlungen für Pascal-Umsteiger

Der Autor empfiehlt dem Leser dieses Pascal Lehrbuches nachfolgend sein C Lehrbuch und besonders sein Ada Lehrbuch. Alle Pascal Beispiele dieses Buchs werden auch in C- und Ada-Version ähnlich präsentiert. Ada hat die effektivste Programmstruktur, ist am besten lesbar und am leichtesten erlernbar. Die über Pascal hinausgehenden Ada Sprachelemente (Pakete, parallele Prozesse), könnte der Anfänger zunächst zurückstellen. C bietet den freiesten Zugang zur Zeichenverarbeitung (integer-, natural- und wide-character). Der Autor nutzt den Präprozessor von C, um mit seinem include file CtoAda in C eine Ada-ähnliche Struktur zu erzeugen.

Perspektiven für objektorientierte Aufsteiger

Objektorientiertes Programmieren ist "in", wie jeder weiß. Aber nur der kundige Leser weiß, daß objektorientiertes Programmieren eine fundierte Ausbildung in einer modular strukturierten Programmiersprache voraussetzt, wie z.B. SIMULA (66), ALGOL_68 (68), MODULA (74), Ada (80), SMALLTALK (80) oder C++ (83).

Aus SIMULA stammen die Grundkonzepte objektorientierten Programmierens, z.B. "object" als "instance" einer "class", synonym "package", oder einer "virtual class". Ein object hat "attributes". Für classes gibt es "prefix" Technik. Es gibt system classes für "linkage of members" und "queue handling" (SIMSET) sowie "(parallel) process(es)" (SIMULATION) u.a.m. Für process(es) gibt es ein "activate/passivate" Koroutinenkonzept. SIMULA-Objekte können beliebig viele Vereinbarungen, z.B. Typen, Konstanten und Funktionen, modular bereitstellen. In SIMULA programmiert man mit veralteten ALGOL_60 Kontrollstrukturen einigermaßen lesbar objektorientiert.

Aus ALGOL_68 stammt die freie Vereinbarung von Operationen und der Prioritäten von Operationen. "parallel clause(s)" werden in primitiver Weise synchronisiert über "sema"(phor)-Signale. In ALGOL_68 programmiert man mit neuen eigenen Kontrollstrukturen sehr gut lesbar klauselorientiert.

MODULA ist eine Pascal-Nachfolgesprache, die Anschluß an modular strukturiertes Programmieren sucht. Ein nach dem Vorbild von class (SIMULA) eingeführter "module" besteht aus einem benutzerzugänglichen "definition module" und einem benutzerverborgenen "implementation module". Das "import/export" Konzept regelt den Zugriff auf modules. Ein module kann nicht virtual (SIMULA) veränderbar definiert werden; auch gibt es kein module-Konzept für paralle Prozesse (SIMULA). In MODULA programmiert man mit veralteten ALGOL_60 Kontrollstrukturen einigermaßen lesbar modulorientiert.

Aus Ada stammt das "overloading" Konzept für Unterprogramme mit gleichem Namen, aber verschiedenen Parametertypen, sowie die Aufteilung von "class" (SIMULA) in "package" und "task". Ein package besteht aus einer benutzerzugänglichen "specification" und einem benutzerverborgenen "hidden body". Das Koroutinenkonzept (SIMULA) wird abgelöst durch ein komfortables "rendezvous" Konzept für multitasking. Das "generic" Konzept in Ada entspricht dem virtual Konzept (SIMULA). Besonders erwähnenswert ist die verläßliche Überwachung der Einhaltung der Ada-Norm. In Ada programmiert man mit modernsten eigenen Kontrollstrukturen selbstdokumentierend optimal lesbar paketorientiert und prozeßorientiert.

In SMALLTALK wird das prefix-Konzept (SIMULA) zum "inheritance" Vererbungsgesetz, der kontrollierte Zugriff auf ein object (MODULA, Ada) zur "message" und das Objektkonzept (aus SIMULA) zum höchsten Prinzip erhoben; Effizienzverluste durch Interpretertechnik nimmt man in Kauf, z.B. wird auch eine einfache Addition 2+3 realisiert als "message" an das "object" 2 mit "selector" + und "argument" 3 . Die class "SimulationObject" ist der class SIMULATION (SIMULA) nachempfunden. Besonders erwähnenswert ist die Aufnahme von graphischen Klassen in den Sprachstandard von SMALLTALK, was mit der Xerox Abstammung der Sprache zu erklären ist. In SMALLTALK programmiert man mit veralteten ALGOL_60 Kontrollstrukturen in Kürzelmanier schlecht lesbar objektorientiert und Graphik-objektorientiert.

C++ ist eine bisher noch nicht normierte C-Nachfolgesprache, die Anschluß an modular strukturiertes Programmieren sucht. Übernommen wurden aus ALGOL_68 die freie Vereinbarung von Operationen und aus SMALLTALK das Objektkonzept. In C++ programmiert man mit veralteten ALGOL_60 Kontrollstrukturen in Kürzelmanier unleserlich Include-File-orientiert (wie in C) und objektorientiert.

INHALTSVERZEICHNIS

3   AUSDRÜCKE

4   ANWEISUNGEN

5   REIHUNG (ARRAY) UND MENGENBILDUNG (SET)

6 ZEIGER UND VERBUND

7 UNTERPROGRAMME

8 DATEI (FILE)

A ANHANG

A.1 SYNTAX-DIAGRAMME

A.2 STANDARD-BIBLIOTHEK (Vordefinierte Vereinbarungen)

Übg ÜBUNGSAUFGABEN

Lit LITERATURVERZEICHNIS

Ind ALPHABETISCHER INDEX

0 EINLEITUNG UND NOTATIONEN

Wir geben zunächst eine Übersicht über die historische Entwicklung der wichtigsten Programmiersprachen, bringen einige kurze und instruktive Programm-Beispiele mit vollständigem Ein/Ausgabeprotokoll und stellen dann die Notationen vor.

0.1 Historische Entwicklung

Das folgende Flußdiagramm gibt dem Leser eine Übersicht über die historische Entwicklung der wichtigsten Programmiersprachen:

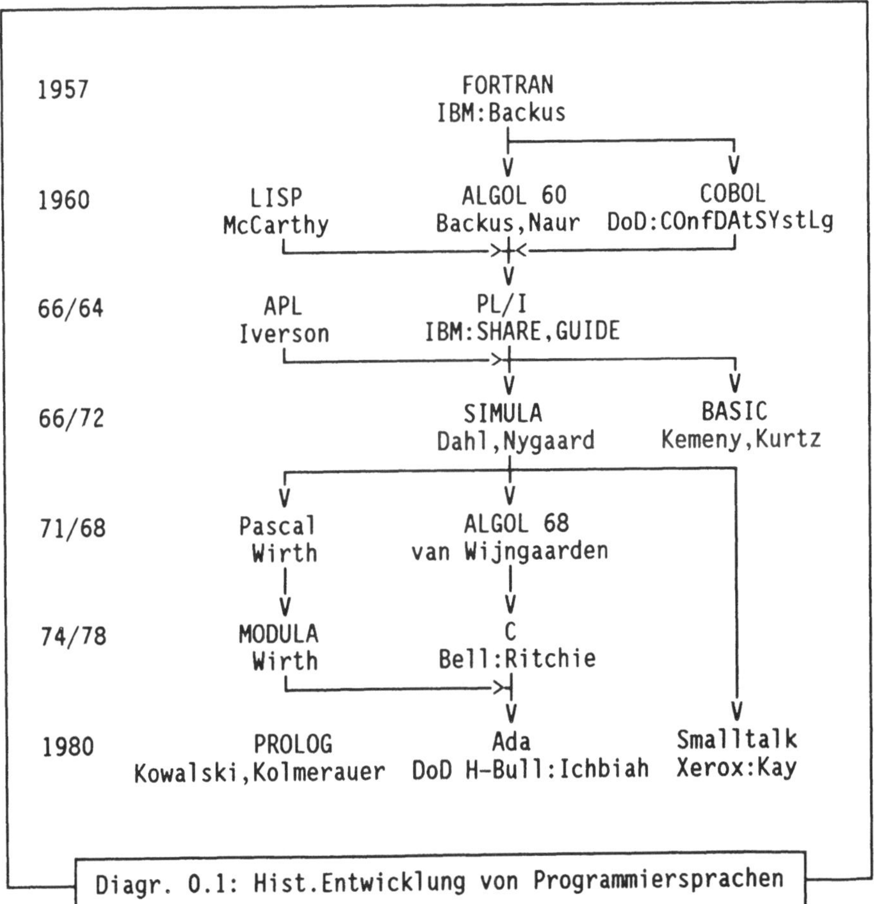

Diagr. 0.1: Hist.Entwicklung von Programmiersprachen

0.2 Einführende Beispiele

0.2.1 Anzahl der Buchstaben E/e im Satz

Die durchschnittliche Anzahl der Buchstaben (nicht nur E) in einem Satz identifiziert den Autor des Satzes so genau wie seine Fingerabdrücke.

Sprachwissenschaftler der Universität Hamburg konnten unsignierte mittelalterliche Fastnachtspiele aus Nürnberg eindeutig Hans Sachs zuordnen, indem sie die Buchstabenhäufigkeiten mit denen bekannter Hans-Sachs-Schriften verglichen.

Auch Sprachen insgesamt haben signifikante Buchstabenverteilungen. Schon wenige Sätze eines Textes genügen, um festzustellen, in welcher Sprache der Text geschrieben wurde. Die Reihenfolge der häufigsten Buchstaben in Deutsch ist e_n_r_i_s_t_d_h_a .

```
(************************** AnzahlEe **************************)
(*           Anzahl der Buchstaben 'E' oder 'e' im Satz          *)
(**************************************************************)
PROGRAM AnzahlEe(Input,Output);
   TYPE NAT    =0..MAXINT;
   VAR  Zeichen:CHAR;
        Anzahl :NAT;
   BEGIN

      Anzahl:=0;
      WRITELN('Satz mit Zeilenende-Taste (Enter):');

      WHILE NOT EoLN DO BEGIN

         READ(Zeichen);
         IF  (Zeichen='E')
         OR  (Zeichen='e') THEN Anzahl:=Anzahl+1

      END(*WHILE*);

      WRITELN('Der Satz hat ',Anzahl,' E/e')

   END(*AnzahlEe*).
```

Input	Output
Baden VERBOTEN	Satz mit Zeilenende-Taste (Enter): Der Satz hat 3 E/e

Die ersten drei Zeilen und die END-Anhängsel des Programms AnzahlEe beginnen mit "(*", enden mit "*)" und sind daher für den Rechner überflüssiger, aber für den Leser nützlicher Kommentar (0.3.3).

Für den Aufruf der Ein/Ausgabeprozeduren READ, WRITE ist zur Verfügbarmachung der Standard Ein/Ausgabedateien Input/Output eine Ankündigung (Input, Output) hinter dem Programmnamen AnzahlEe erforderlich (siehe Standard-Dateien Anhang A.2.6). Durch Anhängung von LN (bedeutet LINE) an WRITE wird ein Zeilenvorschub nach der Ausgabe bewirkt. Der zweite WRITELN-Aufruf hat drei Argumente, jeweils durch Komma getrennt.

Zunächst werden die Variablen Zeichen und Anzahl durch Angabe ihrer Wertemenge CHAR (englisch character, d.h. eine Zeichenmenge) bzw. NAT (natürliche Zahl, d.h. 0, 1, 2, ... bis zur größten ganzen Zahl MAXINT, englisch maximum integer) vereinbart. Anzahl wird mit dem Wert 0 initialisiert. Leider ist dafür in Pascal extra eine Anweisung im nachfolgenden BEGIN...END Teil erforderlich, hier "Anzahl:=0".

Hauptteil des Programms ist die Schleife

```
WHILE NOT EoLN          DO BEGIN...END(*WHILE*)
```

mit dem vorangesetzten Abbruchkriterium (pre check) EoLN (end of line), d.h. Zeilenende. Bei jedem READ wird die Position für das nächste einzulesende Input-Zeichen um 1 nach rechts gerückt. Erreicht die Position das Ende der Zeile, so wird EoLN gemeldet und die Schleife bricht ab. Der Leser verfolge das zeichenweise Einlesen, Prüfen auf 'E' oder 'e' und Aufsummieren von Anzahl. An Stelle von EoLN könnten auch andere Textende-Markierungen vorgesehen werden, z.B. Abprüfung auf einen Terminator Punkt mit

```
Zeichen:=' ';WHILE NOT(Zeichen='.') DO BEGIN...END(*WHILE*)
```

Das Ende "END(*AnzahlEe*)" des Programms AnzahlEe und das Ende "END(*WHILE*)"   der WHILE-Schleife sind durch die Kommentare für den Leser besser zu unterscheiden.

0.2.2 Turm von Hanoi, rekursive Lösung

Ein Turm von n Scheiben übereinander, nach oben immer kleiner werdend, soll Scheibe für Scheibe von Platz A umgesetzt werden, bis sich der ganze Turm in gleicher Gestalt wie zu Anfang auf Platz C befindet. Zum zwischenzeitlichen Absetzen von Scheiben steht ein Hilfsplatz B zur Verfügung, wo auch mehrere Scheiben aufeinander gestapelt werden können. Es darf aber niemals eine größere Scheibe auf eine kleinere Scheibe gesetzt werden.

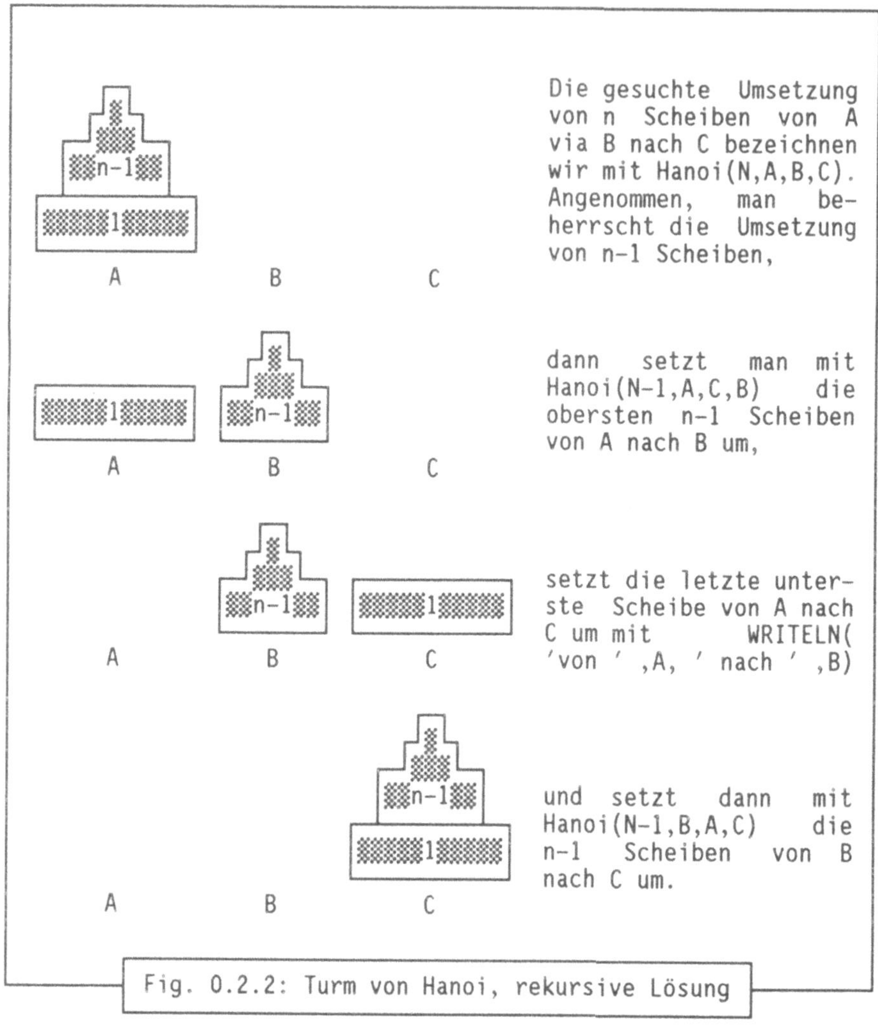

Fig. 0.2.2: Turm von Hanoi, rekursive Lösung

1883 erschien der "Tower of Hanoi" als Spielzeug, herausgegeben von "PROF. CLAUS, LI SOU STIAN", ein Anagramm "PROF. LUCAS, SAINT LOUIS" für den französischen Mathematiker Edouard Lucas. Die Original-Beschreibung des Spiels spricht von einem mythischen "Turm des BRAHMA in Benares" aus 64 Goldscheiben, die von den Priestern versetzt werden müssen, jedoch "wird vorher der Tempel zu Staub zerfallen und die Welt wird mit Donnergetöse untergehen".

Berechnet man die Anzahl der Umsetzungen zu (2 hoch 64)-1 = 18.446.744.073.709.551.615 und bedenkt man, daß zwar eine Million = 1.000.000 Sekunden in weniger als zwei Wochen vergeht, aber schon zu einer Billion=1.000.000.000.000 Sekunden mehr als 30.000 Jahre erforderlich sind, so ist zumindest der Zerfall des Tempels unzweifelhaft.

Selbst wenn die Priester sich eine Rechenanlage kaufen würden, könnten sie ihr Problem mit Scheibenanzahl=64 heute und voraussichtlich auch mit künftigen Rechner-Generationen nicht lösen!

Das untenstehende Programm TowHanoi löst das Problem (n=3) rekursiv, d.h. die Umsetzprozedur Hanoi ruft sich selbst auf, wenn auch in jeweils neuer Inkarnation mit neuen Parameterwerten.

```
(************************** TowHanoi **************************)
(*      Spiel       : Turm von Hanoi, rekursive Loesung         *)
(*      Spielregeln: Setze Scheiben 1...N von A via B nach C    *)
(*                   ohne  auf kleinere Scheiben  zu  setzen    *)
(*************************************************************)
PROGRAM TowHanoi(Input,Output);
   TYPE NAT=0..MAXINT;
   VAR  N,I,Anzahl:NAT;

   PROCEDURE             Hanoi(N:INTEGER;      A ,    B  , C:CHAR);
      BEGIN
         IF                N>0
           THEN BEGIN Hanoi(N-1           , A ,    C  , B     );
                WRITE        (I,'/' ,Anzahl                   );
                      I:=I+1;
                WRITELN     (          ' von ', A ,' nach ', C    );
                      Hanoi(N-1        , B ,    A  , C     )
         END(*IF*)
      END(*Hanoi*);

   BEGIN
                         I:=1  ;
      WRITE('N nat:'); READ (N)    ;Anzahl:=ROUND(EXP(LN(2)*N))-1;
                      Hanoi(N          ,'A',   'B' ,'C'    )
   END(*TowHanoi*).
```

Output	Input
N nat:	3
1/7 von A nach C	
2/7 von A nach B	
3/7 von C nach B	
4/7 von A nach C	— für N=3 : 2 hoch N – 1 = 7 Umsetzungen
5/7 von B nach A	
6/7 von B nach C	
7/7 von A nach C	

Dieses Einführungsbeispiel mit Rekursion ist besonders gedacht für Sprach-Umsteiger, die bisher nur nichtrekursive Sprachen wie FORTRAN, COBOL oder BASIC (Rekursion ohne Parameter) kannten.

Da es in Pascal standardmäßig keinen Potenz-Operator "2 hoch N" gibt, wird hier die Formel   ROUND(EXP(LN(2)*N)) verwendet. Allgemein gilt für a>0 die Identität a hoch b = EXP(LN(a)*b).

Außer diesem eleganten rekursiven Algorithmus Hanoi gibt es auch einen überraschend einfachen nichtrekursiven Algorithmus:

"Man ordne A,B,C im Kreis an, rechtsherum für n gerade, sonst linksherum, und setze dann Scheibe 1 um einen Stab rechtsherum (falls zulässig, sonst nicht), Scheibe 2 um einen Stab linksherum (falls zulässig, sonst nicht), Scheibe 3 um einen Stab rechtsherum (falls zulässig, sonst nicht) u.s.w und wieder von vorn bis zur (2 hoch n)-1 ten Umsetzung".

Der Leser kann Münzen statt Scheiben nehmen und dieses nichtrekursive Verfahren praktisch durchspielen. Das Verfahren kann mit Stab-Indizes (Reihung 5) und "rechtsherum" bzw. "linksherum" Nachfolgerfunktionen (Unterprogramme 7) programmiert werden.

0.3 Schreibweisen

Die je nach Einteilungsprinzip verschiedenartig definierbaren Elemente, aus denen ein Programm zusammengesetzt sein kann, sind die im Anhang A.1 aufgelisteten

```
    - Quelltext-Zeichen
         (digit,letter,special symbol,separator, 0.3.1)
    - lexikalischen Symbole (lexical symbol, 0.3.1),
    - Kommentar-Zeichen (comment, 0.3.3),
    - Textverarbeitungs-Zeichen (CHAR, 1.3, A.2.2).
```

0.3.1 Quelltext-Zeichen und lexikalische Symbole

Quelltext-Zeichen (englisch source character, nur die Bestandteile sind Syntaxdiagramme, A.1) eines Programms sind

```
    - Ziffern,
    - Groß- und Kleinbuchstaben,
    - spezielle Symbole,        z.B. + oder := oder ; ,
    - Trennere,                 z.B. Zwischenraum ' '      .
```

Das Syntaxdiagramm A.1 nennt auch zulässige Ersatzdarstellungen:

```
[                      kann ersetzt werden durch   (.
]                      kann ersetzt werden durch   .)
"Pfeil nach oben"      kann ersetzt werden durch   ^  oder  @
```

Ersatzdarstellungen sollten nur verwendet werden, wenn die Original-Darstellung nicht verfügbar ist, z.B. für Tastaturen oder Drucker mit deutschem Zeichensatz (Tab. 1.2b).

Lexikalische Symbole (englisch lexical symbol) eines Programms sind nach Syntaxdiagramm A.1

```
- spezielle Symbole,        z.B.  + oder  := oder  ;  ,
  incl. reserv. Wortsymbole, z.B. PROGRAM oder END        ,
- Bezeichner (identifier),  z.B. K2r                      ,
- vorzeichenlose Zahlen,    z.B. 123 oder 3.14E0          ,
- Zeichenketten,            z.B. 'Hallo' oder 'ß'         ,
- Marken (Sprungziele),     z.B. 0815                     .
```

Entsprechende große und kleine Buchstaben in Bezeichnern sind gleichbedeutend (kein signifikanter Unterschied). Das gilt auch im Spezialfall von Bezeichnern für reservierte Worte, z.B.

```
die Vereinbarung        INTEGER n;
ist gleichbedeutend mit integer N;
und mit                 Integer n;
```

Jedes lexikalische Symbol muß in eine Zeile passen. Falls erforderlich, werden Trenner (englisch separator: Zwischenraum oder "end of line" oder Kommentar) zum Trennen lexikalischer Symbole verwendet. Überflüssige Trenner werden ignoriert. Ein Trenner darf (außer in Zeichenketten oder Kommentaren) nicht innerhalb eines lexikalischen Symbols gesetzt werden, z.B.

```
korrekt    Y:=X+1;
korrekt    Y := X + 1 ;

inkorrekt  Y: =X+1;  (separator innerhalb special symbol := )
```

0.3.2　Verwendung des Syntaxdiagramms, siehe A.1

Zur Beschreibung der Sprache Pascal verwendete N. Wirth in seinem Pascal-Report (1971, ISO Standard 1985) nicht die von ALGOL_ 60 her bekannte Backus-Naur Formel-Notation (1960), z.B.

```
<identifier>::=<letter>|<identifier><letter or digit>
<letter or digit>::=<letter>|<digit>
```

sondern seine eigene, besser lesbare graphische Notation, z.B.

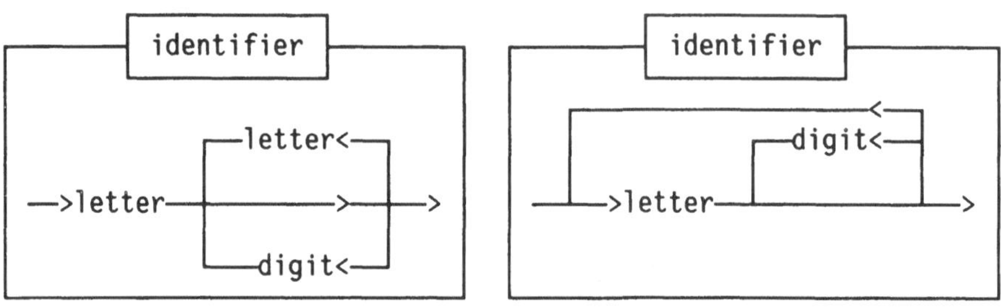

Syntaxdiagramm (Wirth)   äquivalente Variante (vgl. A.1)

Derartige Syntaxdiagramme sollten auch für den unvorbereiteten Leser wie "Eisenbahn-Gleisbilder" ohne weiteres lesbar sein. Man beginne mit dem Eingangspfeil links und durchlaufe das Diagramm in einem Zug bis zum Ausgangspfeil rechts. Schleifen dürfen beliebig oft durchlaufen werden.

Das rechte Diagramm hat nur ein letter-Vorkommen, ist also kompakter als das linke Diagramm mit zwei letter-Vorkommen. Im Anhang A.1 finden sich die passenden Anschluß-Diagramme für

```
letter        Groß- oder Kleinbuchstabe
digit         Ziffer
```

Der Leser kann diesen Diagrammen entnehmen, daß ein identifier (deutsch Bezeichner) besteht aus einem letter am Anfang und dann optional weiteren letter oder digit, z.B. korrekt

```
K2r, x, A1, A2, EinName, BEGIN, WRITELN,
```

aber inkorrekt (beginnen nicht mit letter oder enthalten unzulässige Zeichen)

```
2R, 1, 1a, 123, der_1_te, Kuß
```

Die Syntaxdiagramme sind im Anhang A.1 zusammengestellt. Sie enthalten zum Teil verbale Nebenabreden.

0.3.3 Kommentar

Ein Kommentar (englisch comment, A.1), d.h. eine Programm-Erläuterung für den Leser, die für das Programm selbst keine Bedeutung hat, z.B.

```
X:=3.14;  { Dies ist ein Kommentar, der leider auch ueber
            das Zeilenende hinausgehen kann, von { bis zu }
```

beginnt mit "{" und endet mit dem ersten folgenden "}" und ist zulässig an jeder Stelle jeder Zeile des Programm, ausgenommen innerhalb eines lexikalischen Symbols (siehe 0.3.1). Da nur das erste "{" als Kommentar-Anfang wirksam wird, kann es keine geschachtelten Kommentare geben.

Das Syntaxdiagramm nennt auch gleichwertige Darstellungen:

```
{    kann dargestellt werden als   (*
}    kann dargestellt werden als   *)
```

Manche Compiler lassen nach dem Schluß-Punkt '.' des Programms keinen Kommentar mehr zu.

0.4 Testfragen

zu	Frage	abdeckbare Antwort
0.1	Welche Sprache(n) aus Diagr. 0.1 ist - Innovation (kein Vorgänger)? - Sackgasse (15 Jhr.kein Nachfolger)? - Sammelbecken(mehr.direkte Vorgänger)?	FORTRAN, LISP,APL,PROLOG Basic PL/I, SIMULA, Ada
0.1	Welche Sprache(n) wurde bereits nach 3 Jahren von ihrem Herausgeber durch eine Nachfolgersprache ersetzt?	FORTRAN -> ALGOL_60 Pascal -> MODULA
0.1	Welche Sprache wurde vom DoD (US Department of Defense) herausgebracht und bereits vor etwa 10 Jahren durch eine Nachfolgersprache ersetzt?	COBOL -> Ada

0.2   Wie würde der Output von TowHanoi | 1/3 von A nach B
        lauten, wenn nicht 3, sondern 2 einge- | 2/3 von A nach C
        geben würde? | 3/3 von B nach C

0.3.1   Welche der folgenden sind Quelltext- | siehe 0.3.1 und im
        Zeichen (source character)? | einzelnen A.1

            A | alle
            °
            =
            "end of line"

            Ä | keines
            ß
            §

0.3.2   Wieviel E in einer Kette erzeugt | 1,3,5,..
        das folgende Syntax-Diagramm? | d.h. ungerade
        | Anzahl von E
        wieviel E

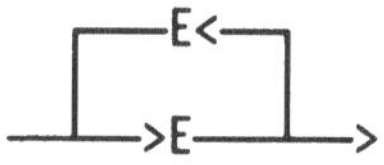

```
        ┌──E<──┐
   ─────┴─>E───┴──>
```

0.3.3   Was bewirkt eine Programmzeile | für den Leser ein
        (**************************************) | Kommentar, für den
        ? | Compiler nichts

0.3.1/3 Ist ein Kommentar ein Separator? | ja

0.3.3   Kann ein Kommentar sich über | ja, falsches "{"
        mehrere Zeilen erstrecken? | macht Programm-
        | Rest zum Kommentar

0.3.?   Gibt es auch Pragmas in Pascal ? | nein

1   EINFACHE DATENTYPEN UND EIN/AUSGABE

Wir geben zunächst eine Übersicht über die vorkommenden Typen (englisch type) und deren Einteilung (vgl. Syntaxdiagramm A.1):

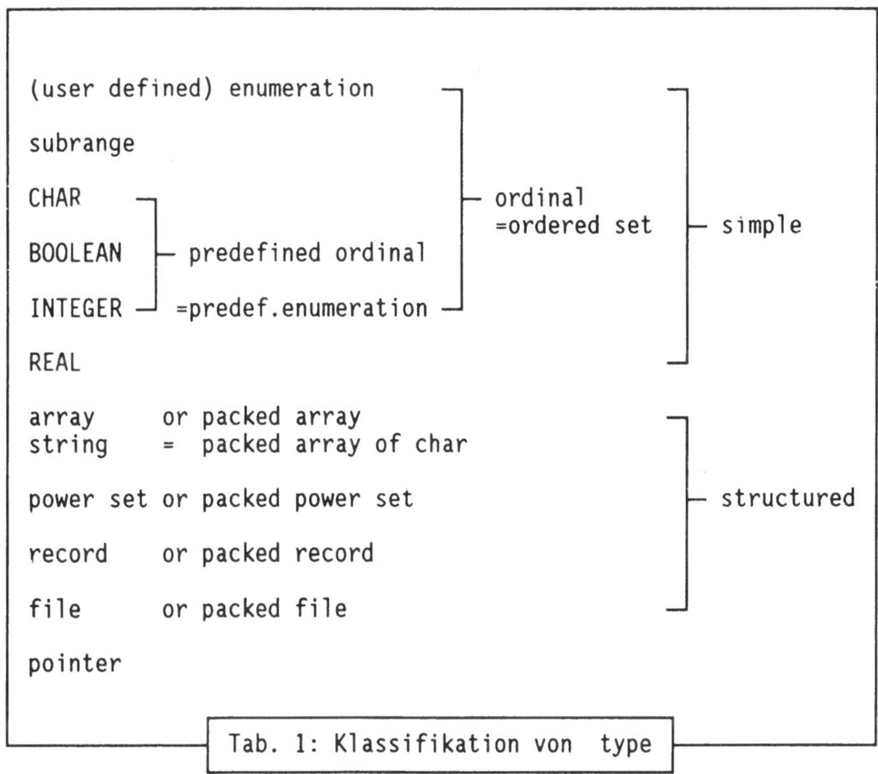

Tab. 1: Klassifikation von type

In diesem Kapitel werden die einfachen Datentypen simple und string behandelt sowie die Ein- und Ausgabeprozeduren READ und WRITE (aus den Standard-Vereinbarungen A.2.5.4/5) besprochen und an Beispielen erläutert.

1.1   Aufzählungstypen und Unterbereichstypen

Ein (selbst vereinbarter) Aufzählungstyp (english (user defined) enumeration type), nach Syntaxdiagramm A.1 (für ordinal type) von der Form

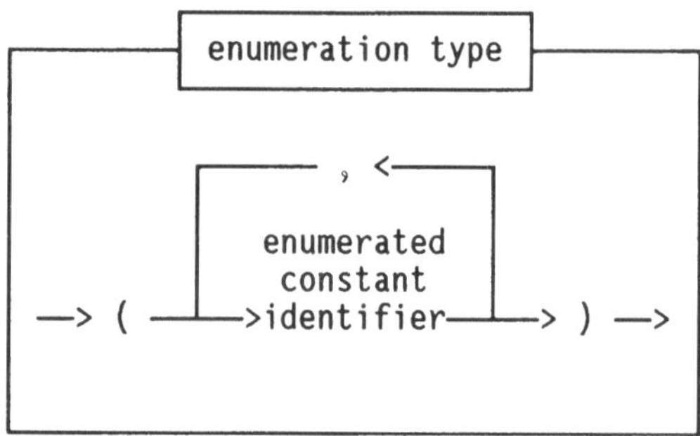

wird vereinbart entweder in Typ-Vereinbarungen (2.2.3), z.B.

```
TYPE LICHT        =
  (InfraRot,Rot,Orange,Gelb,Gruen,Blau,Violett,UltraViolett)
```

oder in Variablen-Vereinbarungen (2.2.4), z. B.

VAR SpektralFarbe :
(InfraRot,Rot,Orange,Gelb,Gruen,Blau,Violett,UltraViolett)

Die identifier der aufgezählten Elemente stellen sowohl Namen als auch Wert der Elemente dar, d.h. eine Aufzählungstyp-Vereinbarung impliziert die Konstanten-Vereinbarungen (2.2.2) aller seiner Elemente. Alle Elemente aller Aufzählungstypen müssen voneinander verschieden vereinbart sein! Anders als z.B. in Ada, ist es also nicht gestattet, daß ein Element, wie z.B. Rot in zwei verschiedenen Aufzählungstypen vorkommt.

Die für Aufzählungstypen vordefinierten Operationen sind in den Übersichtslisten des Anhangs zu finden. Der Test IN (A.2.3.2) auf Enthaltensein eines Elements in der Aufzählungsmenge ist mit Hilfe eines Mengen-Aggregats (5.4) möglich z.B.

```
Gruen IN (.Infrarot..Ultraviolett.)=TRUE
```

Jeder Aufzählungstyp ist geordnet, d.h. es bestehen Relationen (A.2.3.2) und es existieren Nachfolger SUCC und Vorgänger PRED (A.2.4.4), z.B.

```
SUCC(Gruen)=Blau
PRED(Blau)=Gruen
```

und die Positionsnummer (englisch ordinal number, mit 0 beginnend)
eines Elements ist aufrufbar (A.2.4.3), z.B.

```
ORD(Gruen)=4
```

Umgekehrt gibt es in Pascal, anders als z.B. in Ada, für selbstdefinierte Aufzählungstypen standardmäßig keine Funktion zum Aufsuchen des Elements zu einer gegebenen Positionsnummer (vgl.
CHR(I) beim vordefinierten Aufzählungstyp CHARACTER, 1.2), keine Ein/Ausgabeprozeduren READ/WRITE und kein Attribut IMAGE
(Simulation von IMAGE siehe NimSpiel, 2.2.4).

Ein Unterbereichstyp (englisch subrange) eines Aufzählungstyps
als Wirtstyp (englisch host type), nach Syntaxdiagramm A.1 (für
ordinal type) von der Form

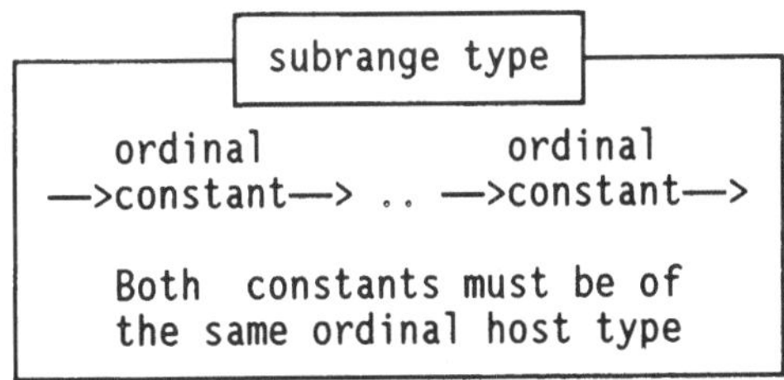

wird vereinbart entweder in Typ-Vereinbarungen (2.2.3), z.B.

```
TYPE SICHTBARESLICHT=Rot..Violett
```

oder in Variablen-Vereinbarungen (2.2.4), z. B.

```
VAR Farbe        :Rot..Violett
```

und ist wichtig für die Absicherung von Programmen gegen Bereichs-
überschreitungsfehler (siehe z.B. NimSpiel, 2.2.4) zur Übersetzungszeit, implementationsabhängig auch zur Laufzeit.

Der Autor empfiehlt statt selbstdefinierter Aufzählungstypen die
Verwendung der komfortabler ausgestatteten vordefinierten Aufzählungstypen CHAR (1.2) und INTEGER (1.3).

1.2 CHAR, siehe A.2.2

Der Typ CHAR ist ein standardmäßig (siehe Anhang A.2.2) vordefinierter Aufzählungstyp (vgl. 1.1), anders als z.B. in Ada, nicht auf die ASCII-Zeichenmenge festgelegt, sondern durch die jeweilige Implementation definiert und enthält nach Syntaxdiagramm A.1 (für character) mindestens

```
- die lückenlos geordnete Menge der Ziffern 0..9.
```

Falls vorhanden, sei

```
- die Menge der großen  Buchstaben A..Z geordnet (ggf.Lücken),
- die Menge der kleinen Buchstaben a..z geordnet (ggf.Lücken).
```

Insgesamt ist CHAR wie jeder Aufzählungstyp lückenlos geordnet. Es muß z.B. einen Nachfolger SUCC('A') geben, der aber nicht notdig 'B' zu sein braucht, es könnte auch 'Ä' sein. Pascal gestattet demnach beliebige nationale Zeichenbelegungen, z.B. Deutsch nach DIN 66003 Code Tabelle 2, Amerikanisch nach ASCII oder auch Chinesisch. Die Ordnungen für Ziffern und für die ggf. vorhandenen lateinische Buchstaben werden aus Effektivitätsgründen verlangt.

Als einziger Aufzählungstyp bietet CHAR standardmäßig (A.2.4.3) eine (implementationsabhängige) Funktion CHR(I) zum Aufsuchen des CHAR-Elements zur Positionsnummer I, z.B. (vgl. CharList unten)

```
CHR(65)='A'
```

Die Bereichsgrenzen der Zeichenmenge CHAR sind in Pascal für den Programmierer leider nicht per Programm abfragbar, d.h. analog zu MAXINT (1.6) gibt es z.B. kein MAXORDCHAR. In einer Implementation mit (7-bit) ASCII-Zeichen würden die i.a. nicht druckbaren Kontroll-Zeichen die Positionen 0..31 und die "druckbaren" CHAR-Elemente die Positionen 32..127 einnehmen. Ein (8-bit) Extended-Code würde darüber hinaus noch die Positionen 128..255 belegen.

Im nachfolgenden Programm CharList wird die Liste der Character von Position 32 bis Position 127 ausgegeben. Wie der Output zeigt, benutzt diese Implementation tatsächlich den ASCII-Code.

Der Leser könnte im Programm die obere Laufgrenze von 127 auf 255 heraufsetzen, um auszuprobieren, ob und welcher Extended-Code zur Verfügung steht, und ob dort die in Tab. 1.2b angegebenen 8 deutschen Sonderzeichen enthalten sind.

```
(************************* CharList *************************)
(*        Character-Liste (impl. abh., 7-bit, non-control)       *)
(***********************************************************)
PROGRAM CharList(Output);
   VAR I:INTEGER;
       C:CHAR;

   BEGIN

      FOR I:=32 TO 127 DO BEGIN
         IF  I     MOD  8=0 THEN WRITE(I:4,') ');
         WRITE(CHR(I));
         IF (I+1) MOD 32=0 THEN                        WRITELN;
      END(*FOR*);

      WRITE(ORD(' '):13,') <space>');              WRITELN;
      WRITE(ORD('0'): 4,') ...',ORD('9'): 4,') ');
      FOR C:=    '0'        TO        '9' DO WRITE(C);WRITELN;
      WRITE(ORD('A'): 4,') ...',ORD('Z'): 4,') ');
      FOR C:=    'A'        TO        'Z' DO WRITE(C);WRITELN;
      WRITE(ORD('a'): 4,') ...',ORD('z'): 4,') ');
      FOR C:=    'a'        TO        'z' DO WRITE(C);WRITELN

   END(*CharList*).
```

```
Output

  32)  !"#$%&'  40) ()*+,-./  48) 01234567  56) 89:;<=>?
  64) @ABCDEFG  72) HIJKLMNO  80) PQRSTUVW  88) XYZ[\]^_
  96) `abcdefg 104) hijklmno 112) pqrstuvw 120) xyz{|}~
          32)  <space>
  48) ...  57) 0123456789
  65) ... 90) ABCDEFGHIJKLMNOPQRSTUVWXYZ
  97) ... 122) abcdefghijklmnopqrstuvwxyz
```

Wie man aus dem Beispiel ersieht, wird ein Zeichen (constant, character string, A.1) im Programm beidseitig durch Apostroph begrenzt, z.B. 'A', nicht aber auf dem Ein/Ausgabemedium (Taste/Papier), z.B. A. Ein Apostroph selbst als Zeichen muß durch ein Apostroph-Paar angegeben werden, um es vom Schlußbegrenzer-Apostroph zu unterscheiden, z.B.

```
                WRITE('''')   druckt '
    inkorrekt   WRITE(''')    ergibt Syntaxfehler
```

Mit deutscher Tastatur, deutschem Bildschirm und mit deutschem Drucker könnte man den Compiler "täuschen", d.h. deutsche Zeichen (DIN 66003, Code-Tabelle 2) unter Beibehaltung des 7-bit-Codes an Stelle der Original ASCII-Zeichen darstellen.

Code		Zeichen	
dezimal	binär	ASCII	Deutsch
64	1000000	@	§
91	1011011	[	Ä
92	1011100	\	Ö
93	1011101	]	Ü
123	1111011	{	ä
124	1111100	|	ö
125	1111101	]	ü
126	1111110	~	ß

Tab. 1.2b: Deutsche Zeichen

1.3 BOOLEAN, siehe A.2.C

Der Typ BOOLEAN (George Boole: "The laws of thought", 1847) ist ein standardmäßig (siehe Anhang A.2.2) vordefinierter Aufzählungstyp (vgl. 1.1):

```
TYPE BOOLEAN=(FALSE,TRUE);
```

left operand	operand right	left AND right	left OR right	NOT right
FALSE	FALSE	FALSE	FALSE	TRUE
FALSE	TRUE	FALSE	TRUE	FALSE
TRUE	FALSE	FALSE	TRUE	TRUE
TRUE	TRUE	TRUE	TRUE	FALSE

Tab. 1.3: Logische Operatoren

Außer diesen logischen Operatoren (siehe A.2.3.3) stehen alle Operationen etc. für BOOLEAN zur Verfügung, die auch für Aufzählungstypen (siehe 1.1) allgemein zur Verfügung stehen, z.B. gilt

```
FALSE<TRUE
```

Für die Ausgabe von BOOLEAN-Werten mit WRITE (siehe 1.9) kommen implementationsabhängig FALSE, TRUE oder andere links durch geeignet viele blanks verlängerte Worte (vgl. A.2.5.5) in Frage.

1.4 Ordinale und simple Typen

Die Standard-Typen CHAR, INTEGER, BOOLEAN (A.2.2) werden als vordefinierte Aufzählungstypen gedeutet, dies gilt nicht für REAL. Nur für Aufzählungstypen gibt es Unterbereichstypen (1.1), d.h. es gibt in Pascal, anders als in Ada, kein Subtyp-Konzept für REAL.

Die Aufzählungstypen und ihre Unterbereichstypen (1.1) bilden zusammen die ordinalen Typen (englisch ordinal type, Tab. 1, Syntaxdiagramm A.1). Nur für ordinale Typen ist der Test IN auf Enthaltensein in der Menge mit Hilfe eines Mengen-Aggregats (5.4) möglich und nur für ordinale Typen gibt es Nachfolger SUCC(X), Vorgänger PRED(X) und Ordnungszahlen ORD(X) (A.2.4.3/4). Die Ordnung eines ordinalen Typs ist durch die ihn aufzählenden Elemente (identifier_0,...,identifier_n) gegeben als

```
ORD(identifier_0)=0 (für INTEGER implementationsabhängig)
ORD(identifier_i)=ORD(PRED(identifier_i))+1   für 1<=i<=n
```

Die ordinalen Typen und REAL bilden zusammen die simplen Typen (englisch simple type). Alle simplen Typen sind geordnet, d.h. es sind die bereits von Aufzählungstypen (1.1) bekannten Relationen " = , < > (ungleich) , < , < = , > , > = " definiert.

Die Standard-Operationen, Funktionen und Prozeduren für ordinale und simple Typen sind im Anhang A.2.3/5 aufgelistet.

1.5 Zahlbezeichnungen

Explizit im Programm vorkommende Zahlbezeichnungen (englisch unsigned number, A.1) bezeichnen eindeutig unterscheidbar entweder ganze Zahlen (englisch unsigned integer) oder reelle Zahlen (englisch unsigned real), noch ohne führendes Vorzeichen, das aber als Operator (3, A.2.3) davorgesetzt werden kann. Die Zahlbezeichnungen sind nach Syntaxdiagramm A.1 von der Form

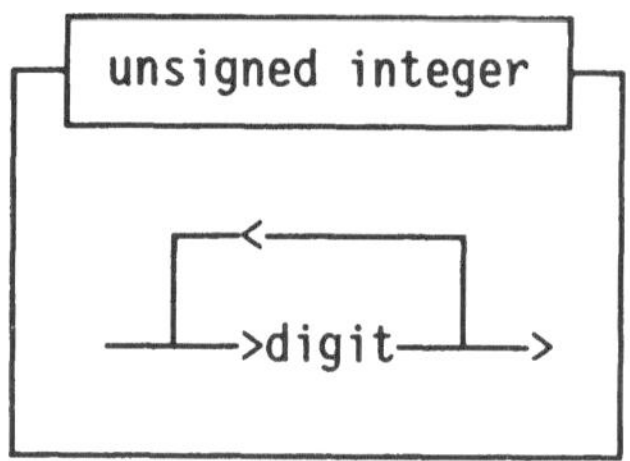

z.B.

```
unsigned integer:   0   ,  123
```

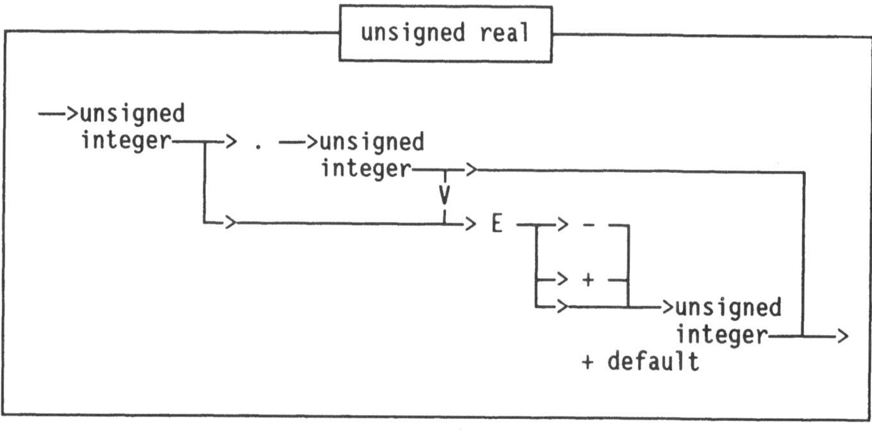

z.B.

```
unsigned real:      0.0 ,  123E0 ,  3.14 ,  314.0E-2

inkorrekt wären:    3. ,  .3 ,  3E ,  E3
```

"." ist der Dezimalpunkt. "E" ist der Vorbuchstabe für den
Gleitkomma Zehner-Exponent, 3E2 bedeutet "3 mal 10 hoch 2", z.B.

```
314.0E-2=3.14
```

Eine Zahlbezeichnung bezeichnet eine reelle Zahl, wenn der Dezimalpunkt "." oder der Exponent-Vorbuchstabe "E" vorkommt, sonst
eine ganze Zahl. Der Gleitkomma-Exponent verschiebt den Dezimalpunkt, z.B. verschiebt E+2 oder E2 um 2 Stellen nach rechts, d.h.
1.234E2=123.4 , und E-2 um zwei Stellen nach links, d.h. 123.4E-2=
1.234 .

1.6 INTEGER, siehe A.2.2

Der Typ INTEGER ist ein standardmäßig (Anhang A.2.2) implementationsabhängig vordefinierter ordinaler Typ (Übersicht Tab.1), dessen Elemente ganze Zahlen sind im Bereich -MAXINT..MAXINT und der als Aufzählungstyp (1.1) gedeutet werden kann:

```
(-MAXINT,...,-3,-2,-1,0,+1,+2,+3,...,MAXINT)
```

Die vordefinierte Bereichsgrenze MAXINT ist eine abfragbare rechnerabhängige Konstante, z.B.

```
WRITE(MAXINT)    druckt 32767 (implementationsabhängig)
```

Auch Subtypen (vgl. 1.1) können vereinbart werden, z.B.

```
TYPE  NAT      =0    ..MAXINT
```

oder
```
CONST Heute    =      1991 ;
TYPE  GESCHICHTE=-3000..Heute
```

Alle im Anhang A.2.3-5 aufgelisteten (Standard-) Operationen, Funktionen und Prozeduren müssen so implementiert sein, daß alle ihre INTEGER-Argumente beliebig große Werte vom Betrage kleinergleich MAXINT annehmen dürfen, so lange alle ihre INTEGER-Ergebnisse dem Betrage nach kleinergleich MAXINT bleiben.

Das nachfolgende Programm FakLast berechnet die Werte der Fakultät-Funktion ohne Überlauf bis zum größtmöglichen INTEGER-Wert.

Die Abfrage Fak<=MAXINT/N ist gleichbedeutend mit

```
Fak*N<=MAXINT
```

Sie fängt den möglichen Überlauf bei Fak: =Fak*N vorher ab. Anders als in Ada, ist es in Pascal nicht möglich, bereits eingetretene Überläufe nachträglich einer Fehlerbehandlung zu unterziehen.

```
(************** FakLast **************)
(*    Fakultaet, Tabelle bis MAXINT    *)
(**************************************)

PROGRAM FakLast(Output);
   TYPE POS  =1..MAXINT;
   VAR  Fak,N:POS;

   BEGIN

      Fak:=1;N:=1;
      WHILE Fak<=MAXINT/N DO BEGIN
         Fak:=Fak*N;
         WRITELN('1*...*',N,'=',Fak:5);
         N:=N+1
      END(*WHILE*);
      WRITELN('MAXINT =',MAXINT:5)

   END(*FakLast*).
```

```
 Output

1*...*1=     1
1*...*2=     2
1*...*3=     6
1*...*4=    24
1*...*5=   120
1*...*6=   720
1*...*7= 5040
MAXINT =32767
```

Bekanntlich ist n-Fakultät die Anzahl aller Permutationen von n Elementen. Zum Beispiel führt das Rundreise-Problem (englisch travelling salesman problem, 7.6) durch n $>=$ 1 Städte auf n-Fakultät verschiedene Rundreisen.

1.7 REAL

Der Typ REAL ist ein standardmäßig (Anhang A.2.2) implementationsabhängig vordefinierter simpler Typ (Übersicht Tab.1), dessen Elemente reelle Zahlen sind in einem implementationsabhängigen Bereich. Infolge der begrenzten Mantissenlänge liegen die REAL-Zahlen nicht dicht nebeneinander wie die mathematisch reellen Zahlen. Die REAL-Zahlen mit Gleitkomma (englisch floating decimal point, siehe Zahlendarstellung, 1.5) in Pascal entsprechen dem REAL-Typ der ALGOL-Familie und dem FLOAT-Typ der FORTRAN-Familie.

Anders als z.B. in Ada, anders sogar als in Pascal für INTEGER (siehe MAXINT, 1.6), sind in Pascal für den Typ REAL weder die Mantissenlänge noch die Bereichsgrenzen, noch die am dichtesten an 0.0 liegende Zahl, noch die kleinste Differenz Epsilon zu 1.0 abfragbar. Auch können keine Subtypen für REAL vereinbart werden. Hier erreichte Pascal zu seiner Zeit nicht "the state of the art", wie er z.B. von ALGOL_68 vorgegeben wurde.

Es sind die Relationen " = , <> (ungleich) , < , <= , > , >= " definiert, und es ist der Test IN auf Enthaltensein in der Menge definiert. Die (Standard-) Operationen, Funktionen und Prozeduren für REAL sind im Anhang A.2.3/5 aufgelistet.

Beim nachfolgenden Programm Rundung erkennt man sowohl Verfahrens- (Abweichung vom exakten Pi-Wert) als auch Rundungsfehler (unterschiedliche Summationsergebnisse). Der Rundungsfehler hängt ab von der implementationsabhängigen Genauigkeit (Mantissenlänge) der REAL Zahlen.

```
(*************************** Rundung ***************************)
(*    Rundungsfehler: Summation    der   Leibniz' schen    Reihe    *)
(*              Pi=8*( 1/(1*3) +1/(5*7) +1/(9*11) +...)    *)
(*           in      verschiedenen       Reihenfolgen    *)
(****************************************************************)
PROGRAM Rundung(Input,Output);

    TYPE NAT=0..MAXINT;
    VAR  I,N:NAT;
         Pi :REAL;

    BEGIN

       WRITE('N nat:');READ(N);

       Pi:=0.0;
       FOR I:=0     TO N DO Pi:=Pi+1.0/(4*I+1)/(4*I+3);
       WRITELN(8.0*Pi);

       Pi:=0.0;
       FOR I:=N DOWNTO 0 DO Pi:=Pi+1.0/(4*I+1)/(4*I+3);
       WRITELN(8.0*Pi);

    END(*Rundung*).
```

Output (impl.abh.)	Input
N nat: 3.1414926645E+00 3.1414926736E+00	5000

Bekanntlich ist die Berechnung von Pi mittels der Leibniz'schen Reihe ein monoton wachsendes und sehr langsam konvergierendes Verfahren. Es ist daher nicht zu empfehlen für numerische Berechnungen, aber gut geeignet zur Demonstration von Rundungseffekten.

1.8 String, vgl. 5.3

Der Typ String (deutsch Zeichenkette, Text konstanter Länge) ist in Pascal nicht standardmäßig vordefiniert, läßt sich aber in jeder gewünschten Länge $>=2$ als Reihungstyp (siehe dort String, 5.3) vom Benutzer im Programm vereinbaren, z.B. für die Länge 4

```
TYPE STRING4=PACKED ARRAY(.1..4.) OF CHAR
```

Für derart vereinbarte Strings gelten ausnahmsweise (für andere Reihungstypen nicht) die Relationen " $=$, $<>$ (ungleich) , $<$, $<=$, $>$, $>=$ " und es gibt ausnahmsweise (sonst keine Reihungsaggregate in Pascal verfügbar) Zeichenkettenliterale (englisch character string, siehe Syntaxdiagramm A.1), z.B.

```
CHAR   Zeichen   (stets Länge 1):   'A'
String Zeichenkette der Länge 2 :   'da'
String Zeichenkette der Länge 3 :   'Ada'
       u.s.w.
```

Ein Zeichenkettenliteral der Länge 1 gilt nicht als String, sondern als CHAR Zeichen (1.2). Zeichenkettenliterale werden im Programm beidseitig durch Apostroph begrenzt, z.B. 'Amor', nicht aber auf dem Ein/Ausgabemedium (Taste/Papier), z.B. AMOR im nachfolgenden Programmbeispiel StrRev. Ein Apostroph selbst als Zeichen muß in der Zeichenkette durch ein Apostroph-Paar angegeben werden, um es vom Schlußbegrenzer Apostroph zu unterscheiden, z.B.

```
WRITE('Er sagt: ''Hallo''')   druckt   Er sagt: 'Hallo'
WRITE('Er sagt: 'Hallo' ')     ergibt   Syntaxfehler
```

String-Variable, wie z.B. mit dem Typ STRING4 wie oben,

```
VAR Wort:STRING4
```

können, wie alle Reihungsvariablen (5.1), indiziert werden, wobei die durch Indizierung erreichten Komponenten dann selbst Variable sind, z.B. kann man das Wort 'Amor' konponentenweise erzeugen:

```
Wort(.1.):='A';Wort(.2.):='m';Wort(.3.):='o';Wort(.4.):='r'
```

Das nachfolgende Programm StrRev revertiert eingegebene Texte der Länge 4 und setzt den revertierten Text in Relation zum ursprünglichen Text.

Ein String, der gleich seinem revertierten String ist, z.B.

```
'OTTO' = 'OTTO'
```
,

heißt "Palindrom". Genau genommen ist der Satz

```
'TRUG TIM EINE SO HELLE HOSE NIE MIT GURT'
```

kein Palindrom, da die Zwischenräume revers anders verteilt sind.

```
(*************************** StrRev ***************************)
(**          String Reversion, Ordnung fuer String          *)
(*************************************************************)
PROGRAM StrRev(Input,Output);
   CONST n       =                  4;
   TYPE  RANGEn =                  1..n;
         STRINGn=PACKED ARRAY(.RANGEn.) OF CHAR;
   VAR   I       :RANGEn;
         Str,Rev:STRINGn;

   BEGIN

      WRITE('STRING(1..',n,'):');
      FOR I:=1 TO n DO BEGIN
         READ(Str(.I.));
         Rev(.n-I+1.):=Str(.I.);
      END(*FOR*);

      WRITE(Str);
      IF      Str<Rev THEN WRITE('<')
      ELSE IF Str=Rev THEN WRITE('=')
      ELSE                 WRITE('>');
      WRITELN(Rev);

   END(*StrRev*).
```

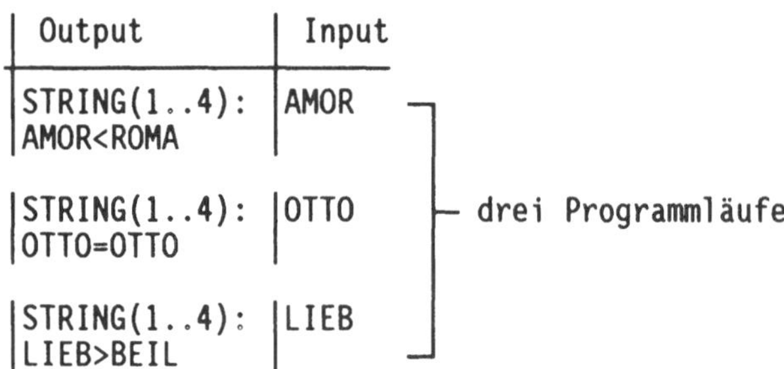

Strings sind lexikalisch geordnet. Die lexikalische Ordnung beruht im einzelnen auf der Ordnung der CHAR Zeichen (1.2), die implementationsabhängig durch die Reihenfolge der Zeichen vorgegeben ist. Im Beispiel CharList (1.2) ist dies die ASCII Reihenfolge. In ASCII Reihenfolge gilt lexikalisch z.B.

$$' 1'<'-1',$$
$$'007'<'K2r',$$
$$'Gross'<'klein',$$
$$'klein'<'kleiner'$$
$$'+'<'plus'$$

Anders als z.B. in Ada, ist keine String Katenation a&b (Kette, lat. catena) in Pascal definiert. Der Benutzer könnte sich eine entsprechende Funktion Cat(a, b) selber schreiben (vgl. Unterprogramme, 7, konforme Reihungsschemata, 7.3).

1.9   Einfache Ein/Ausgabe mit READ, WRITE

Die einfachen Ein/Ausgabeprozeduren (Anhang A.2.5.4/5)

```
READ      für      CHAR, INTEGER, REAL
WRITE     für      CHAR, INTEGER, REAL, BOOLEAN, String
```

werden nun in ihren wichtigsten Eigenschaften besprochen "ohne Tränen", d.h. ohne an dieser Stelle im Buch bereits auf Dateien (FILE, 8) eingehen zu müssen.

Wie in ALGOL_60, anders als heutzutage in Ada, können in Pascal die Ein/Ausgabeprozeduren READ, WRITE noch mehrere Argumente (variable Anzahl) haben, was kürzere Schreibweise ermöglicht, aber die Programme unübersichtlicher und damit fehleranfälliger macht und aus dem sonst in Pascal üblichen Prozedurkonzept (feste Anzahl von Argumenten) herausfällt.

```
(*************************** StFormat ***************************)
(*        Standard Ein/Ausgabe-Formate von READ und WRITE       *)
(***************************************************************)
PROGRAM StFormat(Input,Output);
   CONST n       =                    5;
   TYPE  STRINGn=PACKED ARRAY(.1..n.) OF CHAR;
   VAR   C       :CHAR;
         I       :INTEGER;
         R       :REAL;
         B       :BOOLEAN;
         S       :STRINGn;

   BEGIN

       WRITE('CHAR         :');    READLN(C);   WRITELN(C);
       WRITE('INTEGER REAL:');     READLN(I,R); WRITELN(I,R);
                                                WRITELN(R);

       WRITE('F/T          :');    READLN(C);
       B:=C='T';                                WRITELN(B);

       WRITE('STRING(1..',n,'):');
       FOR I:=1 TO n DO            READ(S(.I.));
                                                WRITELN(S)
   END(*StFormat*).
```

Output	Input
CHAR :	? d.h. Fragezeichen
?	
INTEGER REAL:	12345 -3.14
12345-3.1400000000E+00	
-3.1400000000E+00	
F/T :	T d.h. TRUE
TRUE	
STRING(1..5):	Hallo
Hallo	

Im obenstehenden Programm StFormat werden Variablen aller zulässigen Typen mit READ eingelesen und mit WRITE unformatiert, d.h. im Standardformat, wieder ausgegeben. Anders als z.B. in Ada und entgegen dem Prinzip der Symmetrie von Ein- und Ausgabe, können in Pascal BOOLEAN und String Größen nur mit WRITE gedruckt, aber nicht mit READ gelesen werden. Das Beispiel StFormat zeigt. wie man BOOLEAN und String Größen hilfsweise als CHAR Größen mit READ einlesen kann.

Statt TRUE gibt man das CHAR Zeichen 'T' ein. 'Hallo' liest man nicht im ganzen als S vom Typ STRINGn, sondern komponentenweise als S(.I.) vom Typ CHAR.

Einzugebende Zahlen müssen durch mindestens ein Zwischenraum-
zeichen (space) oder durch Zeilenende voneinander getrennt sein.
Spaces vor (dem Zahl-Vorzeichen oder vor) der Zahl gehören zur
Zahl und werden überlesen. Ein nachfolgendes space gehört nicht
mehr zur Zahl, d.h. beendet das Einlesen dieser Zahl. Unzulässige
Trennzeichen, wie z.B. Komma, würden beim Lesen der nächsten Zahl
einen Lesefehler ergeben, da sie nicht zur nächsten Zahl gehören
und daher auch nicht gelesen werden können.

Durch Anhängung von LN (line) an die Prozedurnamen READ/WRITE
wird nach dem Lesen/Schreiben aller Argumente eine neue Zeile ein/
ausgegeben, d.h. Sprung von der Stelle der Zeile auf die erste
Stelle der nächsten Zeile.

Seitenvorschub, d.h. Sprung von der Stelle der Zeile der Seite
auf die erste Stelle der ersten Zeile der nächsten Seite wird bewirkt durch die standardmäßig vordefinierte (Anhang A.2.5.3)

Ausgabeprozedur   PAGE

Obwohl nicht im Report vorgeschrieben, verlangen die meisten
Compiler ein abschließendes WRITELN im Programm zur Ausgabe der
letzten ggf. nicht voll beschriebenen Zeile, die sonst vom Compiler nicht ausgegeben würde. Auch verlangen einige Compiler ein
erstes eröffnendes READLN im Programm zum Vorschub von der "null-
ten Input-Zeile" (mit blanks besetzt) auf die normale erste Input-
Zeile (mit den Eingabedaten besetzt), was allerdings für Zahlen-
Eingabe überflüssig ist, da blanks vor Zahlen überlesen werden.

Abfragbar per Programm sind bezüglich Eingabe

    EoLN   (end of file Input), ergibt TRUE nach Zeilenende,
                            sonst FALSE,
            z.B. in DOS durch Enter   Taste eingebbar.

    EoF   (end of file Input), ergibt TRUE nach Eingabeende,
                            sonst FALSE,
            z.B. in DOS durch Ctrl(z) Tasten eingebbar.

Es folgt die Tabelle der durch Doppelpunkt getrennt an das jeweilige Argument optional anhängbaren Format-Parameter von WRITE.
Anders als z.B. in Ada und entgegen dem Prinzip der Symmetrie von
Ein- und Ausgabe, kann in Pascal zwar formatiert mit WRITE gedruckt, aber nicht formatiert mit READ gelesen werden.

Das Argument ITEM der Eingabeprozedur READ muß eine Variable (2.2.4) und das Argument ITEM der Ausgabeprozedur WRITE muß ein Ausdruck (3) sein. Die Formatparameter WIDTH und FRACLEN müssen positive INTEGER Ausdrücke sein, die auch als Variablen vorgegeben sein können.

```
                  Typ des Ausgabe-Arguments ITEM

              CHAR
              BOOLEAN
              INTEGER                  REAL
              String


                                       optional
                                    ┌─────^─────┐
    Ausgabe         optional             optional
    Prozedur        ┌─^─┐            ┌──^──┐

    WRITE         ITEM:WIDTH       ITEM:WIDTH:FRACLEN

     Tab. 1.9: Optionale Format-Parameter von WRITE
```

```
WIDTH ist die minimale Gesamtbreite >= 1
     (englisch minimal field width)
```

einschließlich ggf. aufgefüllter führender blanks,
ggf. Dezimalpunkt, ggf. Exponent-E,
ggf. neg. Vorzeichen und ggf. neg. Exponent-Vorzeichen.

Die booleschen Werte werden implementationsabhängig
in Groß- oder Kleinbuchstaben ausgegeben.

Plus '+' als Zahl-Vorzeichen wird als blank ' ',
Plus '+' als Exponent-Vorzeichen wird nicht ausgegeben.
Es gibt keine blanks im Exponentteil,
aber ggf. führende Nullen.

Z.B. WIDTH=1 bedeutet nicht notwendig Gesamtbreite=1,
sondern Ausgabe in minimaler Standardbreite
ohne führende blanks, auch kein blank für Plus '+'.

Die WIDTH Voreinstellung ist 1 für CHAR,
String-Länge für String und sonst implementationsabhängig (ggf. führende blanks).

FRACLEN ist die Anzahl-der-Ziffernstellen-nach-dem-Punkt >= 1
(englisch fraction length)

Bei Angabe von FRACLEN wird die REAL-Zahl
ohne Exponententeil ausgegeben (Festpunktdarstellung),
sonst stets mit Exponententeil (Gleitpunktdarstellung)!

Die FRACLEN Voreinstellung ist implementationsabhäng.

Das folgende Programm IoFormat führt dem Leser die für WRITE
zulässigen optionalen Format-Parameter am Beispiel vor:

```
(************************* IoFormat ***************************)
(*            (Nur) Ausgabe-Format (und nur) fuer WRITE           *)
(*************************************************************)

PROGRAM IoFormat(Input,Output);
   CONST n        =                     5;
   TYPE  STRINGn=PACKED ARRAY(.1..n.) OF CHAR;
   VAR   C        :CHAR;
         I        :INTEGER;
         R        :REAL;
         B        :BOOLEAN;
         S        :STRINGn;

   BEGIN

      WRITE(     'CHAR           :');READLN(C);   WRITELN(C:10);
      WRITE(     'INTEGER REAL:');READLN(I,R); WRITE  (I:10);
                                            WRITELN(R:10);
                                            WRITELN(R:10:2);
      WRITE(     'F/T            :');READLN(C);
      B:=C='T';                              WRITELN(B:10);

      WRITE('STRING(1..',n,')':');
      FOR I:=1 TO n DO          READ(S(.I.));
                                            WRITELN(S:10)
   END(*StFormat*).
```

Output	Input
CHAR :	? d.h. Fragezeichen
?	
INTEGER REAL:	12345 -3.14
12345-3.140E+00	
-3.14	
F/T :	T d.h. TRUE
TRUE	
STRING(1..5):	Hallo
Hallo	

1.10 Testfragen

zu	Frage	abdeckbare Antwort

1.1
1.6
1.7
	Welche der folgenden sind korrekte
	Subtypen ?
	
	    TYPE POSITIVE=1..MAXINT
	    TYPE NEGATIVE=-MAXINT..-1
	    TYPE EINHEIT =-1..+1
	
	    TYPE GUTHABEN=0.0..1000000
	    TYPE SCHULDEN=-1000000..0.0
	    TYPE EINHEIT =-1.0..1.0
		
		alle, INTEGER
		  ist Aufzähltyp,
		  Subtyp zulässig
		
		keines, REAL ist
		  kein Aufzähltyp,
		  Subtyp unzulässig

1.2
1.8
	Welche der folgenden sind korrekte
	character string und was wird gedruckt?
	
	    WRITE('','''','IN 'DM' PREIS')
	
	    WRITE(' ')
	    WRITE('DREIFACH ''HOCH','''')
		
		nein: 3 inkorrekte
		
		ja:ein blank
		ja:DREIFACH 'HOCH'

1.3	Kann man BOOLEAN im Programm wie
	folgt neu vereibaren?
	
	    TYPE BOOLEAN=(FALSCH,WAHR)
		ja (kein word sym-
		  bol, A.2.2), aber
		  dazu gibt es kein
		  WRITE und keine
		  Operatoren

1 1.4	Ist REAL ein ordinaler Typ oder ein simpler Typ oder beides?	simpler Typ, kein ordinaler Typ

1.5	Welche der folgenden sind korrekte
	INTEGER oder REAL Zahlbezeichnungen?
	
	    .10E10 oder 10.E10 oder E-10
	    10E10 oder 10E+10 oder 10.10E-10
		
		keine
		alle REAL

1.6	Gibt es zwei verschiedene INTEGER- Zahlen mit gleichem Wert?	ja: 1 und 01

1.6	Kann man MAXINT im Programm neu
	vereinbaren?
		ja (kein word sym-
		  bol, A.2.2), aber
		  kaum sinnvoll

1.7	Gibt es zwei verschiedene REAL-Zahlen mit gleichem Wert?	ja: 1E1 und 10E0

1.8	Ist das folgende String-Literal ein Palindrom?
	
	    'A MAN A PLAN A CANAL PANAMA'
		ja, genau genommen nein,
		  die Zwischenräume stimmen nicht

1.9	Was wird ausgedruckt?
	
	    WRITE(31415E-4:2:2)
	
	    WRITE('Hallo':1)
		
		3.14
		
		Hallo

2 EINFACHER PROGRAMMAUFBAU

Ein Programm besteht nach Syntaxdiagramm A.1 aus einem Programmkopf (englisch program heading), einem trennenden Semikolon, einem Block (englisch block) und einem abschließenden Punkt.

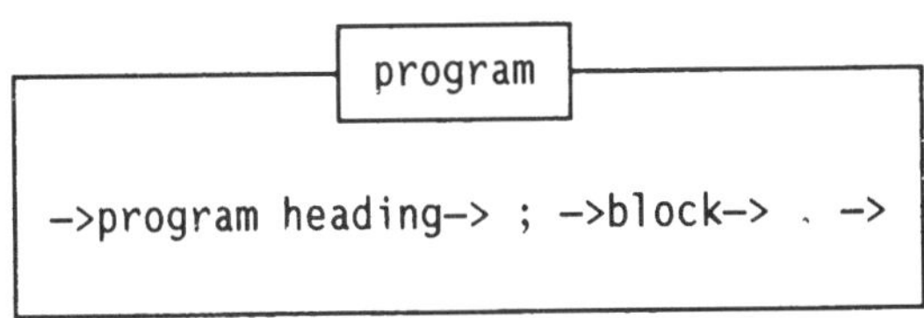

Der Programmkopf beginnt mit PROGRAM. Es folgt ein Bezeichner (englisch identifier) für den Programmnamen, der innerhalb des Programms aber nur wie ein Kommentar wirkt. Dann folgt in Klammern und mit trennenden Kommas die Liste aller verwendeten externen Dateien (englisch external file), meisten (Input,Output).

Der Block enthält nach Syntaxdiagramm A.1 in verbindlicher Reihenfolge, durch Semikolon getrennt, seine Vereinbarungen (englisch declaration) und zwar

```
- beginnend mit LABEL     alle         Zielvereinbarungen, dann
- beginnend mit CONST     alle Konstantenvereinbarungen, dann
- beginnend mit TYPE      alle         Typvereinbarungen, dann
- beginnend mit VAR       alle Variablenvereinbarungen, dann
- beginnend mit PROCEDURE eine    Prozedurvereinbarung    bzw.
  beginnend mit FUNCTION  eine  Funktionsvereinbarung,
  diese auch mehrfach und in beliebig gemischter Reihenfolge,
```

und dann, nach einem Semikolon, in BEGIN...END eingeklammert Anweisungen (englisch statement), jeweils durch Semikolon getrennt.

Im nachfolgenden Programm UmsatzSt kommen fast alle Arten von Vereinbarungen (2.2) vor, auch ein Unterprogramm (siehe Kapitel 7) in Form einer Funktion Steuer. Dieser Funktion wird beim Aufruf Steuer(Umsatz) im Hauptprogramm ein Wert 2000.00 vom Typ DM (synonym REAL) übergeben, der über den formalen Parameter D in die Berechnungsformel Steuer:=D*MwSt/100 eingeht.

Das Sprungziel 4711 wird hier nur wie ein Kommentar als "Numerierung" verwendet, nicht in Verbindung mit GOTO (4.7). Wie man sieht, muß 4711 vorher als LABEL angemeldet werden.

```
(*************************** UmsatzSt ****************************)
(*       Umsatz-Steuer, sehr ausfuehrlich zur Demonstration     *)
(***************************************************************)
PROGRAM UmsatzSt(Input,Output);                      (* heading *)

    LABEL       4711;                                (*   de    *)
    CONST MwSt  =14.0;                               (*   /     *)
    TYPE  DM    =REAL;                               (*   cla   *)
    VAR   Umsatz:DM;                                 (*   /     *)
                                                     (*   ra    *)
    FUNCTION Steuer(D:DM):DM;                        (*   /     *)
       BEGIN                                         (*   ti    *)
          Steuer:=D*MwSt/100;                        (*   /     *)
       END(*Steuer*);                                (*   ons   *)

    BEGIN
       4711:WRITE  ('Umsatz:');READ(Umsatz);         (*  state- *)
            WRITELN('Umsatz+',MwSt:4:1,'% MwSt=',    (*   /     *)
                    Umsatz+Steuer(Umsatz):10:2)      (*  ments  *)
    END(*UmsatzSt*).
```

Output	Input
Umsatz:	2000.00
Umsatz+14.0% MwSt= 2280.00	

Das Hauptprogramm besteht aus einer Eingabe- und zwei Ausgabe-Anweisungen. Das vierte Argument der zweiten Ausgabeanweisung WRITELN ist ein Ausdruck Umsatz + Steuer(Umsatz) zur Berechnung des Bruttowertes aus dem Nettowert plus Mehrwertsteuer. Die mit Doppelpunkt abgetrennten Formatparameter von WRITE wurden im vorigen Kapitel besprochen.

2.1 Verfügbarmachung externer Dateien

Externe Dateien (siehe Kapitel 8), auf die das Programm zugreifen soll, sollen durch Nennung in der Liste, die auf den Programmnamen im Programmkopf folgt, vorher verfügbar gemacht werden. Das gilt auch für die Standard-Dateien Input für READ und Output für WRITE (A.2.6), z.B.

```
PROGRAM UmsatzSt(Input,Output)
```

Dies ist die einzige standardmäßig in Pascal vorgesehene Möglichkeit, um die Umgebung des Programms kontrolliert anzusprechen.

2.2 Vereinbarungen

Vereinbarungen dienen dazu, um Namen von Konstanten, Variablen, u.a.m. festzulegen, um Speicherplätze für die Werte zu reservieren (besonders wichtig für umfangreiche ARRAYs) und um Unterprogramme (Prozeduren, Funktionen) einzuführen. Sie machen das Programm übersichtlicher, für andere Benutzer besser lesbar, helfen Fehler zu vermeiden, und erleichtern die Übersetzung des Programms durch den Compiler.

Die blockstrukturierten Programmiersprachen der ALGOL-Familie folgen dem Prinzip, daß alle im Anweisungsteil eines Blocks vorkommenden Größen vorher im Vereinbarungsteil erklärt sein müssen. Die Reihenfolge der Vereinbarungen ist in Pascal streng reglementiert (siehe 2, Syntaxdiagramm A.1). Die reservierten Wortsymole LABEL, CONST, TYPE, VAR dürfen wie das Wortsymbol PROGRAM nur einmal im Programm vorkommen! Unterprogramme (FUNCTION, PROCEDURE, siehe 7) gehören in Pascal wie in Ada an das Ende der Vereinbarungen eines Programms.

2.2.1 Zielvereinbarung (LABEL)

Eine Zielvereinbarung (englisch label declaration) ist nach Syntaxdiagramm A.1 (für block) von der Form

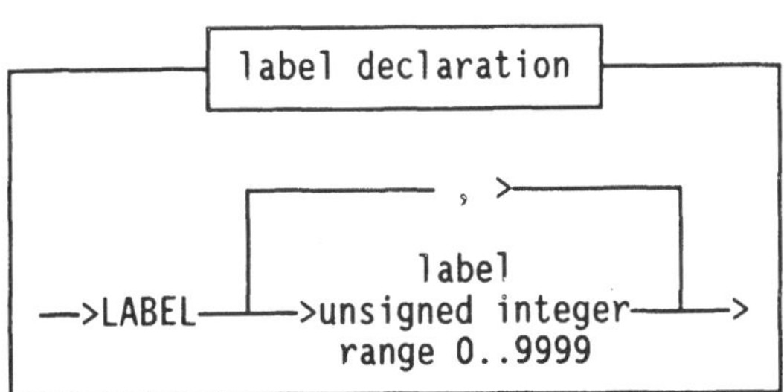

z.B.

```
                LABEL 4711,0815,007,00
inkorrekt wäre  LABEL K2r,1000
```

Zielvereinbarungen sind für den Compiler nützlich, wenn auch redundant, da jedes Ziel außerdem im Programm "am Ort" vor dem betreffenden statement "vereinbart" wird, z.B. "4711: WRITE('Hier')". In Ada ist keine extra Zielvereinbarung vorgesehen. In Pascal sollen durch diesen Vereinbarungsaufwand wohl FORTRAN- oder BASIC-Umsteiger abgeschreckt werden, ihre Pascal-Anweisungen durchzunumerieren und unnötig oft GOTO (siehe 4.7) zu benutzen.

2.2.2 Konstantenvereinbarung (CONST)

Bezeichner für Konstanten (englisch constant identifier) werden in der Konstantenvereinbarung (englisch constant definition) definiert, nach Syntaxdiagramm A.1 (für block) in der Form

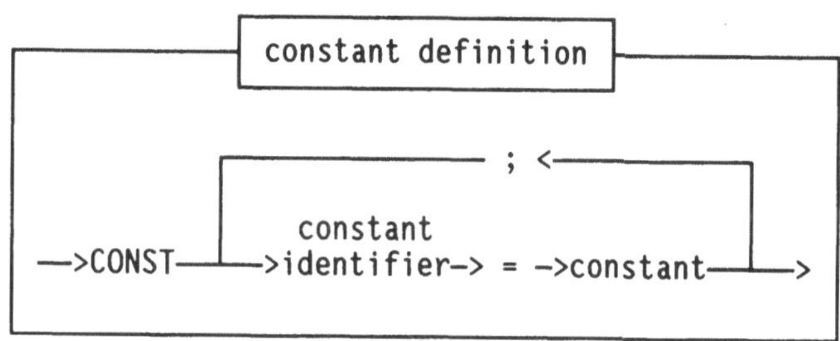

z.B.

```
CONST MwSt=14.00;MININT=-MAXINT;Alarm='FEUER'
```

inkorrekt wäre CONST Ln2=LN(2.0);PREMAXINT=MAXINT-1;

Der in der Initialisierung identifier=constant rechts vorkommende Ausdruck constant ist nach Syntaxdiagramm A.1 eingeschränkt auf (vorher definierte) Bezeichner für Konstanten oder Zahlbezeichnungen, jeweils ggf. mit Vorzeichen, und character strings. Prinzipiell sollen Vereinbarungen in Pascal statisch zur Übersetzungszeit ausführbar sein, z.B. Einsetzen einer Zahl, und nicht erst dynamisch zur Laufzeit, z.B. Aufruf eines Unterprogramms. Durch die statische Verwaltung ergeben sich für Konstanten schnellere Laufzeiten als für Variablen. Außerdem sind Konstanten gegen Überschreibung im Programm geschützt (F. L. Bauer: "Variables Considered Harmful", TU München 1975, Report Nr. 7513).

Der Programmierer weiß aus Erfahrung, daß Konstanten im Programm oft nachträglich "per Hand" geändert werden müssen, denn "nichts ist so variabel wie eine Konstante". Dafür reicht dann eine Änderung in der Konstantenvereinbarung.

2.2.3 Typvereinbarung (TYPE)

Eine Typvereinbarung (englisch type definition) ist nach Syntax-diagramm A.1 (für block und type) von der Form

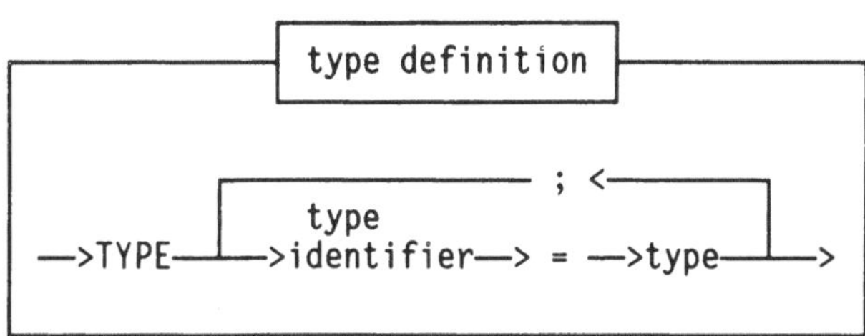

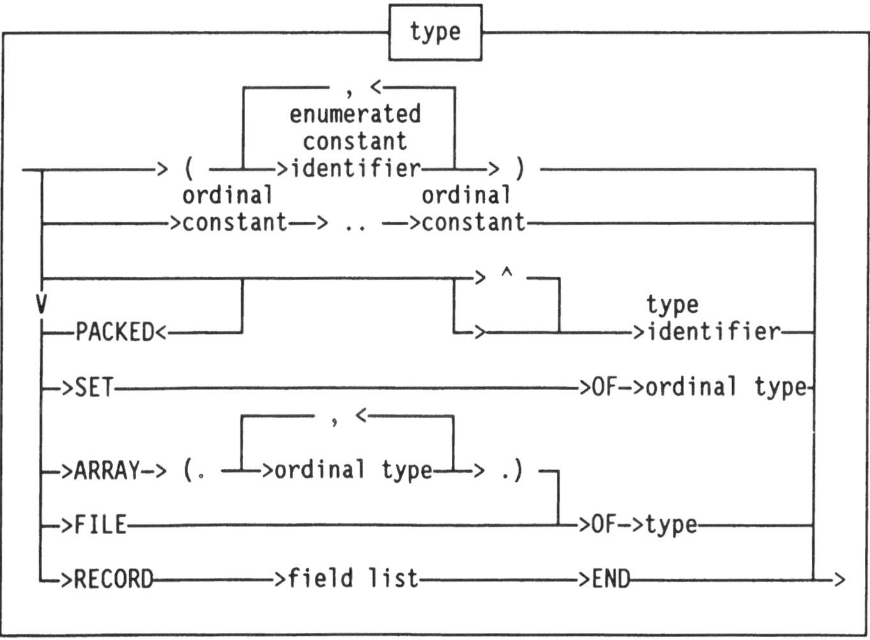

z.B.

```
TYPE NAT    =0..MAXINT;                      (*AnzahlEe, 0.2.1*)
     POS    =1..MAXINT;                      (*FakLast,  1.6  *)
     DM     =REAL;                           (*UmsatzSt, 2    *)
     STRING4=PACKED ARRAY(.1..4.) OF CHAR;(*String,   1.8  *)
```

Der Programmierer kann aus simplen Typen (ordinal oder REAL, Übersicht in Tab.1) und mit Hilfe von noch zu besprechenden Programmkonstruktionen ARRAY (Reihung, 5), PACKED (dicht gepackt, 5), SET (Potenzmenge, 5), "^" (Zeiger, 6), RECORD (Verbund, 6) und FILE (Datei, 8) eigene komplexere Datentypen selbst definieren, und zwar entweder in Typvereinbarungen (siehe obenstehende Beispiele) oder in Variablen-Vereinbarungen (2.4).

2.2.4 Variablenvereinbarung (VAR)

Bezeichner für Variablen (englisch variable identifier) werden in der Variablenvereinbarung (englisch variable declaration) definiert, nach Syntaxdiagramm A.1 (für block) in der Form

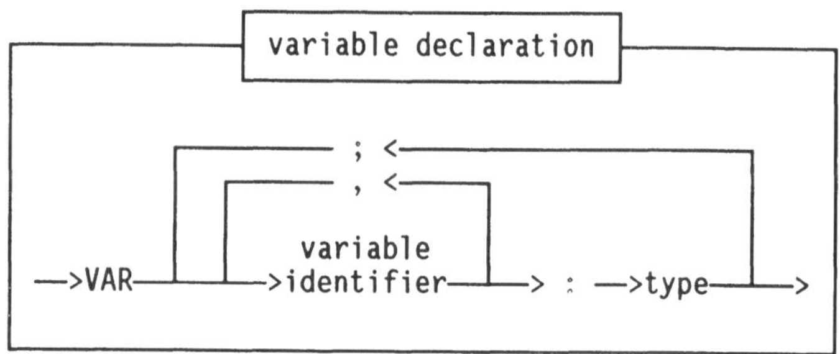

Z.B. (mit STRING4 wie in 2.3)

```
VAR N  :0..MAXINT;
    X,Y:REAL;
    S  :STRING4
```

Im Gegensatz zu Konstanten (2.2), deren Werte in der Konstantenvereinbarung unveränderlich festgelegt werden, können den Variablen per READ (1.10, A.2.5.4) oder per assignment (4.1) nacheinander verschiedene Werte ihres Typs (type) zugewiesen werden. Eine automatische Wert-Initialisierung findet, wie in Ada nur statt bei Zeigern (^), siehe Kapitel 6.

Basic- und FORTRAN-Programmierer haben erfahrungsgemäß gewisse Schwierigkeiten, sich an die Erfordernis von Vereinbarungen zu gewöhnen, besonders an Typ- oder Variablenvereinbarungen.

Im nachfolgenden Programmbeispiel NimSpiel werden die Variablen N und Nimm mit Hilfe vorher vereinbarter Unterbereiche so vereinbart, daß "Mogeln" entdeckt würde.

Der ICH-Computer verfolgt die Strategie, dem DU-Spieler 1 oder 1*4+1 oder 2*4+1... Münzen übrig zu lassen. Bei "1 Coin" verlierst DU. Die anderen Vorlagen reduziert der Computer auf "1 Coin", indem er in jeder Runde Deinen Zug 1..3 durch seinen (Sieg-)Zug 3..1 zur Summe 4 ergänzt. Falls "DU" dem Computer selbst 1 oder 1*4+1 oder 2*4+1... Münzen "zufällig" vorlegst, dann verfolgt der Computer die Strategie, die Anzahl der Münzen durch Wegnahme von nur 1 Coin möglichst groß zu halten, um Dir noch möglichst viel Gelegenheit für einen falschen Gegenzug (d.h. Runden-Summe ungleich 4) zu geben.

```
(*************************** NimSpiel ***************************)
(* Spiel     :Nimm Muenzen, ICH-Spieler=Computer und DU-Spieler *)
(* Spielregel:DU gibst N Muenzen,ICH/DU nehmen 1..3 Muenzen/Zug *)
(*         Wer zuletzt nimmt (oder mogelt) hat verloren *)
(***************************************************************)

PROGRAM NimSpiel(Input,Output);
   LABEL 9999(*RETURN*);
   TYPE  WIR     =(ICH,DU);
         POS     =1..MAXINT;
         STRING3 =PACKED ARRAY(.1..3.) OF CHAR;
   VAR   Spieler :WIR;
         N,Runde :POS;
         Sieg    :0..3;
         Nimm    :1..3;
         WIRimage:ARRAY(.WIR.) OF STRING3;

   PROCEDURE WriteLnCoin(N:POS);VAR Numb:POS;BEGIN
     FOR Numb:=1 TO N DO BEGIN WRITE('*');
        IF Numb MOD 4=0 THEN  WRITE(' ');
     END(*FOR*);WRITELN;
   END(*WriteLnCoin*);

BEGIN
   WIRimage(.ICH.):='ICH';WIRimage(.DU.):='DU ';
   WRITE('Gib N pos :');READ(N);
   FOR Runde:=1 TO N DIV 2+1 DO BEGIN
     FOR Spieler:=ICH TO DU DO BEGIN WriteLnCoin(N);
        CASE Spieler OF
           ICH:BEGIN Sieg:=(N-1) MOD 4;
                 IF Sieg>0 THEN Nimm:=Sieg ELSE Nimm:=1;
                 WRITELN('ICH nehme =',Nimm);        END(*ICH*);
           DU :BEGIN WRITE('Nimm 1..3 :');READ(Nimm);END(*DU *)
        END(*CASE*);
        IF Nimm>=N THEN BEGIN
           WRITELN('Verloren =>',WIRimage(.Spieler.));GOTO 9999;
        END(*IF*);N:=N-Nimm;
     END(*FOR Spieler*);
   END(*FOR Runde*);9999(*RETURN*):
END(*NimSpiel*).
```

Output	Input	Kommentar:	
Gib N pos : **** **** *	9	optimaler Anfang,	Siegchance
ICH nehme = 1 **** ****		hinhaltender Zug, keine	Siegchance
Nimm 1..3 : **** ***	1	schlechter Zug, Siegchance vertan	
ICH nehme = 2 **** *		optimaler Zug, Siegchance gewahrt	
Nimm 1..3 : ***	2	ratloser Zug, keine Siegchance	
ICH nehme = 2 *		optimaler Zug, Siegchance gewahrt	
Nimm 1..3: Verloren => DU	1	erzwungener Zug, keine Siegchance	

Der Leser verifiziere die Formel "Sieg: =(N-1) MOD 4", die ohne Mogeln nur für Sieg > 0 befolgt werden kann, d.h. Nimm=Sieg. Für Sieg = 0 schaltet man auf Abwarte-Strategie um, z.B. Nimm=1.

Der Standard-Operator a MOD b berechnet den ganzzahligen Rest der ganzzahligen Division a DIV b (A.2.3.1). WIRimage simuliert das in Pascal fehlende Typ-Attribut   IMAGE.   GOTO 9999 simuliert den in Pascal fehlenden Programm-RETURN.

2.3 Testfragen

zu	Frage	abdeckbare Antwort
2	Was ist inkorrekt im folgenden Programm?	
	`PROGRAM TestFrage;` `BEGIN`	Input fehlt steht an falscher Stelle
	`  TYPE CHARACTER:CHAR;` `  CONST Punkt='.';`	= statt : steht an falscher Stelle
	`  VAR Zeichen:'CHARACTER';`	Apostrophs falsch
	`  REPEAT READ(Zeichen)` `    UNTIL Zeichen=Punkt`	
	`    END`	Schluß-Punkt fehlt

Welche der folgenden sind korrekte
Vereinbarungen?

2.2.1	LABEL 1;2	keine
2.2.2	CONST CONST='CONST'	
2.2.3	TYPE INT=INTEGER,BOOL=BOOLEAN	
2.2.4	VAR GEORGE=BOOLEAN	
2.2.1	LABEL 0,00	alle
2.2.2	CONST CHAR='CHAR'	
2.2.3	TYPE REELL=REAL	
2.2.4	VAR XX:^REAL	

2.2.2   Können Konstanten (mit "=") initia-   ja (müssen)
lisiert werden?

2.2.4   Gibt es Wert-Initialisierung auch   nein   (ausgenommen
bei Variablenvereinbarungen?   bei Zeigern, 6.1)

3 AUSDRÜCKE

Ein Ausdruck (englisch expression) ist eine Formel aus elementaren Primärausdrücken und darauf angewandten Operatoren mit vorgegebenen Prioritäten zur Berechnung eines Wertes.

Wir geben zunächst eine Übersicht über die vorkommenden Ausdrücke und deren Einteilung (siehe auch Syntaxdiagramm A.1):

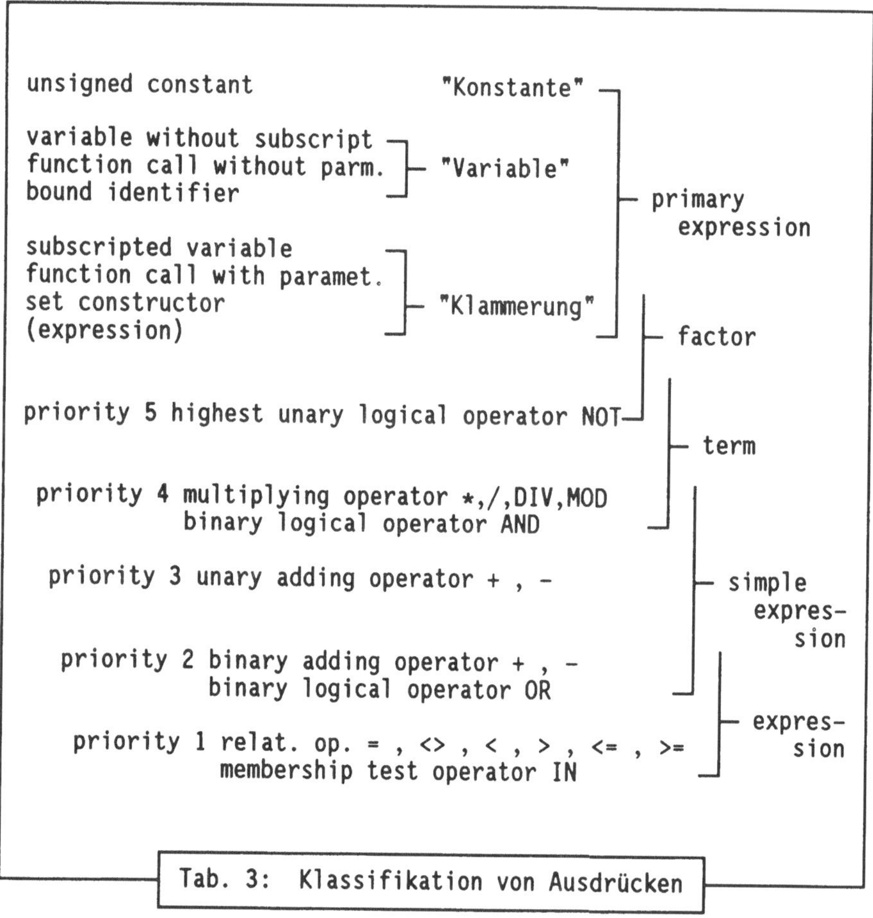

Tab. 3: Klassifikation von Ausdrücken

Die Klassifikation der Ausdrücke und die Setzung der Prioritäten der Operatoren wird im Syntaxdiagramm A.1 mit Hilfe der syntaktischen Begriffe factor, term, simple expression und expression durchgeführt.

Die vordefinierten Operatoren und Funktionen sind im Anhang A.2.3/4 unter Angabe ihrer Parameter- und Ergebnistypen spezifiziert.

Ein Ausdruck kann geschachtelt weitere Ausdrücke enthalten, z.B. $1+(1+SIN(1+X))$, aber anders als in ALGOL_68 und C keine Anweisungen. Anders als in ALGOL_68 und in C, gibt es in Pascal auch keine IF-Ausdrücke (nur IF-Anweisungen).

3.1 Primärausdrücke

Ein Primärer Ausdruck (englisch primary expression), ist nach Syntaxdiagramm A.1 (für factor) von der Form

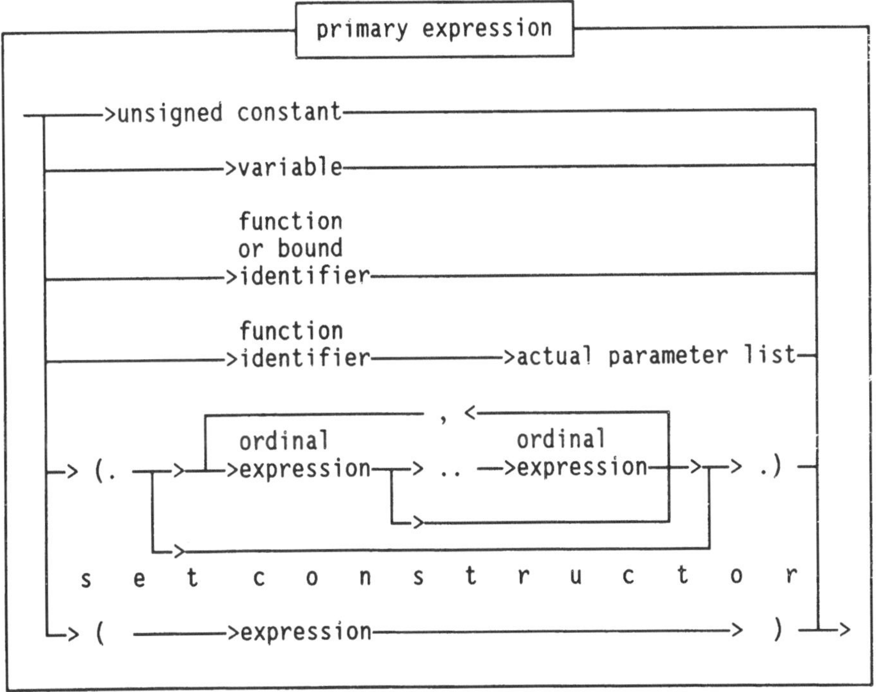

Man erkennt die bereits in vorangehenden Kapiteln ausführlich besprochenen einzelnen Formen Primärer Ausdrücke.

In diesem Kapitel besprechen wir Aufrufe von Bibliotheksfunktionen (function identifier, vgl.7.5). Die Begriffe bound identifier (Konforme Reihungsschemata, 7.3) und set constructor (Potenzmengen, 5.4) werden in später folgenden Kapiteln behandelt. Der Begriff expression ist eine Vorwegnahme und erst am Ende dieses Kapitels vollständig erklärt sein.

3.1.1 Aufrufe von Standard-Funktionen, siehe A.2.4

Im Anhang A.2.4 sind die standardmäßig vordefinierten Funktionen aufgelistet. Die meisten Funktionsaufrufe (function call 3, primary expression 3.1) haben eine aktuelle Parameterliste, wie z.B. SIN(X). Die vordefinierten Funktionsaufrufe ohne aktuelle Parameterliste, wie z.B. die Abfrage EoLN auf "end of line", sind Abkürzungen für Funktionsaufrufe mit aktueller Parameterliste, z.B. steht EoLN für EoLN(OUTPUT).

Wir weisen besonders hin auf die vordefinierten arithmetischen Standardfunktionen

```
ABS(X),
SQR(X)  bedeutet X Quadrat,
SQRT(X) bedeutet Wurzel aus X,
SIN(X), COS(X), ARCTAN(X),
EXP(X), LN(X)
```

und besprechen nun im folgenden die Konvertierungsfunktionen.

3.1.2 Rundung ROUND, Abschneiden TRUNC

Explizite Typ-Konvertierung ist in Pascal nur zugelassen von REAL (1.7) nach INTEGER (1.6) innerhalb ihrer zulässigen Bereichsgrenzen.

Bei Typ-Konvertierung mit ROUND(r) von REAL zu INTEGER wird zum nächsten INTEGER Wert gerundet. Falls der REAL Wert "genau" zwischen zwei INTEGER Werten liegt, wird "auf"gerundet. Da aber wegen der Rundungseffekte (mögliche Zahlenkonvertierung dezimal in dual und umgekehrt) ein REAL Wert $X = 0.5$ auch als $0.5000...0001$ oder $0.4999...999$ vorgegeben sein kann, könnte implementationsabhängig auch "ab"gerundet werden, insbesondere wenn es sich nicht um statisch festgelegte Zahlbezeichnungen von Konstanten sondern um dynamisch zu berechnende Werte von Ausdrücken handelt.

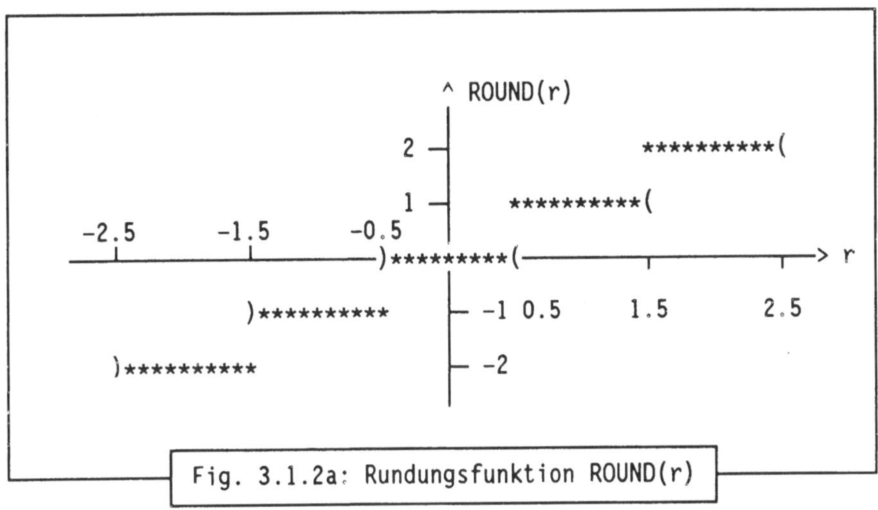

Fig. 3.1.2a: Rundungsfunktion ROUND(r)

z.B.

```
ROUND( 1.4)= 1         gerundet zu  1
ROUND( 1.5)= 1     "auf"gerundet zu  2
ROUND(-1.6)=-2         gerundet zu -2
```

Bei Typ-Konvertierung mit TRUNC(r) von REAL zu INTEGER werden die Dezimalstellen nach dem Dezimalpunkt "abgeschnitten" (lateinisch truncare).

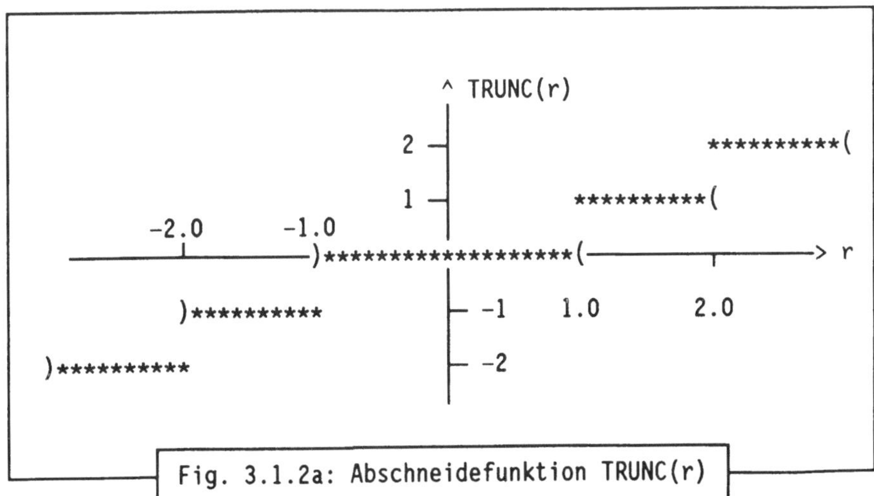

Fig. 3.1.2a: Abschneidefunktion TRUNC(r)

z.B.

```
TRUNC( 1.0)= 1      .0 wird "abgeschnitten"
TRUNC( 1.5)= 1      .5 wird  abgeschnitten
TRUNC(-1.6)=-1      .6 wird  abgeschnitten
```

Falls aber der REAL Wert "genau" auf einem INTEGER Wert liegt, könnte implementationsabhängig wegen der Rundungseffekte (mögliche Zahlenkonvertierung dezimal in dual und umgekehrt) auch der betragsmäßige Vorgänger der "abgeschnittenen" Zahl geliefert werden.

Es gilt die Identität

```
ROUND(r)=TRUNC(r+0.5)     für REAL r>=0
ROUND(r)=TRUNC(r-0.5)     für REAL r< 0
```

Das nachfolgende Programm RoulFreq benutzt die Abschneideformel

```
X-TRUNC(X)    zum   Abschneiden der Stellen
                    vor dem Dezimalpunkt.
```

Programmiert wird ein sehr simpler Random Zufallszahlen-Generator zur Erzeugung gleichverteilter REAL-Zahlen im Einheitsintervall 0.0<=Random<1.0. Dieser Random-Generator wurde früher in Hewlett-Packard-Taschenrechnern verwendet:

"Man beginne mit einem 'krummen' Wert Rand=0.5284163 im Einheitsintervall und multipliziere ihn mit der 'krummen' Zahl 997. Vom Ergebnis 526.83105 schneide man die Stellen vor dem Dezimalpunkt 526 ab, damit der neue Wert Rand=0.83105 wieder im Einheitsintervall liegt, u.s.w."

Aus Random-Folgen im Einheitsintervall 0.0<=Random<1.0 kann man leicht durch "Spreizung" andere Zufallsfolgen gewinnen, z.B.

```
Roulette:=  TRUNC(37*Random)    Bereich 0..36, Länge=37
Wuerfel:=1+TRUNC( 6*Random)    Bereich 1.. 6, Länge= 6
Muenze:=  TRUNC( 2*Random)    Bereich 0.. 1, Länge= 2
```

Es werden 3700 Würfe eines Roulettes simuliert und die Häufigkeit der beobachteten Roulettezahlen 0, 1, ..., 36 protokolliert. Bei 37 verschiedenen möglichen Roulettezahlen erwartet man für jede Roulettezahl etwa die gleiche Häufigkeit 100 (Gleichverteilung).

```pascal
(************************** RoulFreq **************************)
(*            Roulette-Haeufigkeiten, First=0, Last=36       *)
(*        oder Wuerfel-Haeufigkeiten, First=1, Last= 6       *)
(*        oder Muenzen-Haeufigkeiten, First=0, Last= 1       *)
(************************************************************)

PROGRAM RoulFreq(Output);

 CONST First    =0;
       Last     =          36;
 TYPE  RANGE    =First..Last;
       NAT      =0..MAXINT;
       POS      =1..MAXINT;
       REALUNIT =REAL;
 VAR   Rand      :REALUNIT;
       Roul,Numb:RANGE;
       Len,Cast :POS;
       Freq      :ARRAY(.RANGE.) OF NAT;

 FUNCTION Random:REALUNIT;
    BEGIN
       Rand:=997*Rand;Rand:=Rand-TRUNC(Rand);
       Random:=Rand
    END(*Random*);

 BEGIN
    Rand:=0.5284163;Len:=Last-First+1;

    FOR Numb:=First TO Last DO Freq(.Numb.):=0;

    FOR Cast:=1 TO 100*Len DO BEGIN
      Roul:=First+TRUNC(Len*Random);
      Freq(.Roul.):=Freq(.Roul.)+1;
    END(*FOR*);

    FOR Numb:=First TO Last DO BEGIN
       WRITE(Numb:5,':',Freq(.Numb.):3);
       IF (Numb+1) MOD 5=0 THEN WRITELN;
    END(*FOR*);WRITELN;
 END(*RoulFreq*).
```

```
Output
------------------------------------------------
   0: 96      1:114     2: 93     3:103     4: 94
   5: 97      6:109     7:100     8: 96     9: 95
  10: 98     11: 98    12:116    13:102    14:104
  15: 94     16: 99    17: 90    18: 88    19: 96
  20:104     21: 95    22: 95    23:116    24:109
  25: 96     26:110    27:112    28:103    29: 97
  30: 94     31: 95    32: 94    33:107    34: 95
  35:107     36: 89
```

Im Vorgriff auf Kapitel 5 (Reihung) wurde die Häufigkeit Freq als eindimensionaler ARRAY aus NAT-Werten mit einem Indexbereich 0..36 vereinbart. Freq(.3.) wäre z.B. die Häufigkeit der Roulettezahl 3, diese wird zunächst mit dem Wert 0 initialisiert und hat zum Schluß laut Output den Wert 103. Immer wenn eine neue Roulettezahl Roul:=First+TRUNC(Len*Random); berechnet wird, wird die entsprechende Häufigkeit Freq(Roul) um 1 hochgezählt. Schließlich werden die aus 3700 Würfen resultierenden Roulettefrequenzen ausgedruckt, ca. 100 pro Roulettezahl.

Andere Random-Generatoren arbeiten mit der Modulfunktion X:=(A+B*X) MOD T;Random:=X/T.   Geeignete A, B, T findet man in Abramowitz, Szegun "Handbook of Mathematical Functions". Ein bekannter (notwendiger aber nicht hinreichender) Test der Vertrauenswürdigkeit einer Pseudo-Zufallszahlen-Sequenz ist der Chiquadrat-Test von Pearson (siehe Ada-Buch des Autors).

Bei Wiederholung des Programmlaufs ergibt sich immer die gleiche Pseudo-Zufallszahlen-Sequenz. Andere Zufallszahlen-Sequenzen erhielte man z.B. durch "leeren Vorlauf" einer bestimmten Anzahl von Random-Aufrufen.

3.2 Ausdrücke, allgemein

Höhere Ausdrücke werden gebildet durch Anwendung von Operatoren auf Primärausdrücke (3.1).

3.2.1 Prioritäten von Operatoren

Die standardmäßig vorhandenen Operatoren und ihre Prioritäten sind in der Tabelle am Anfang dieses Kapitels 3 aufgelistet. Anders als z.B. in ALGOL_68, kann der Programmierer in Pascal keine eigenen Operatoren einführen, keine eigenen Prioritäten setzen, und anders als in Ada, auch keine vorhandenen Operatorzeichen "überladen" (overloading).

Es gibt in Pascal fünf verschiedene Prioritäten für die Abarbeitung von Operatoren; von der niedrigsten Priorität 1 bis zur höchsten Priorität 5. Durch Einschließung einer Operation in Klammern (primary expression, 3.1) erhält die Operation stets die höchste Priorität 5.

Wie man aus der obigen Tabelle entnimmt, gelten in Pascal, anders als z.B. in Ada, verschiedene Prioritäten für die binären logischen Operatoren AND (Priorität 4) und OR (Priorität 2).

Operatoren verschiedener Priorität werden in der Reihenfolge der Prioritäten abgearbeitet, beginnend mit der höchsten Priorität, z.B.

8+4*2 ergibt 16 (und nicht 24)

Gleichberechtigte Operationen werden in Schriftreihenfolge von links nach rechts abgearbeitet,

8/4*2 ergibt 4 (und nicht 1)
8/4/2 ergibt 1 (und nicht 4)

In der Mathematik übliche waagerechte Bruchstriche und Bruchstriche verschiedener Länge (Vorrang-Änderung) werden durch einen der Divisionsoperatoren "/" oder "DIV" und durch Klammerung (Vorrangänderung) ersetzt.

3.2.2 Ganzzahlige Division DIV, Rest MOD

Den Operator DIV für ganzzahlige Division (englisch integer division) und den Moduloperator MOD (für den ganzzahligen Divisionsrest, englisch remainder) erklärt man am besten in Abhängigkeit:

Das ganzzahlige Ergebnis des Operators DIV für ganzzahlige
Division ist der ganzzahlige Quotient aus dem
erstem ganzzahligen Operanden durch den
zweiten ganzzahligen Operanden ungleich Null;

das ganzzahlige Ergebnis des Moduloperators MOD ist
im (Normal-)Fall positiver Operanden
der ganzzahlige Rest bei der ganzzahligen Division, z.B.

1989 DIV 100 == 19
1989 MOD 100 ==   89

Nach der untenstehenden definierenden Darstellung im Spezialfall n DIV 3 ist z.B.

0 DIV 3 = 0,   1 DIV 3 = 0,   2 DIV 3 = 0,
3 DIV 3 = 1,   4 DIV 3 = 1,   5 DIV 3 = 1, ...

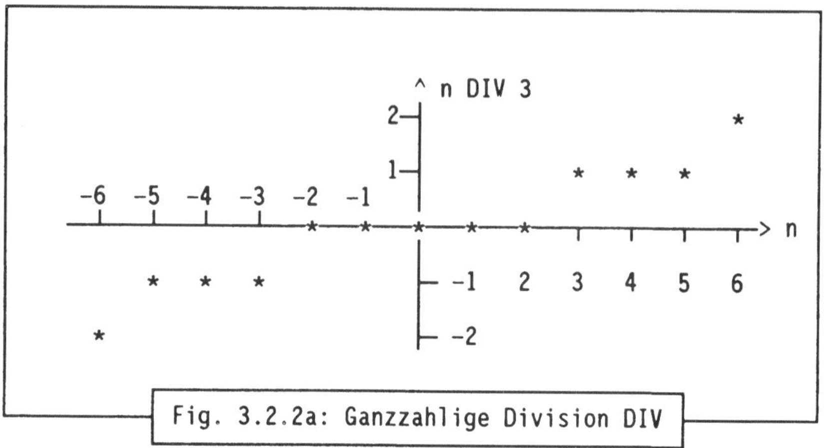

Fig. 3.2.2a: Ganzzahlige Division DIV

Der Moduloperator a MOD b ist in Pascal für ganze Zahlen a,
aber nur für positive Zahlen b definiert. Zu diesen Zahlen a,   b
muß es stets eine ganze Zahl k so geben, daß die definierende
Identität gilt:

$$0 <= a \text{ MOD } b = a-k*b < b$$

Nach der untenstehenden definierenden Darstellung im Spezialfall
n MOD 3 ist z.B.

```
0 MOD 3 = 0,    1 MOD 3 = 1,    2 MOD 3 = 2,
3 MOD 3 = 0,    4 MOD 3 = 1,    5 MOD 3 = 2, ...
```

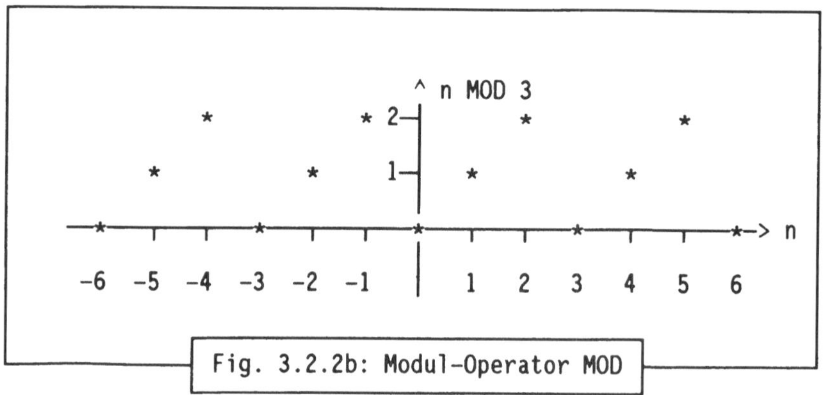

Fig. 3.2.2b: Modul-Operator MOD

Wie man am Beispiel n MOD 3 sieht, ergibt der Modul-Operator für natürliche (nichtnegative) n den Divisionsrest (englisch remainder) von n DIV 3. Seinen alten mathematischen Namen MOD hat der Moduloperator von der modularen Wiederkehr seiner Ergebniswerte bei anwachsendem ersten Operanden. In Ada verwendet man den für positive Argumente identischen Remainder-Operator mit dem neueren Namen REM.

Für positive Operanden gilt die Identität

```
a MOD b = a - a DIV b * b
```

3.3 Testfragen

zu	Frage	abdeckbare Antwort
3	Ist ein simple expression stets ein expression? (oder umgekehrt?)	ja (umgekehrt nein)
3 1.9	Ist der aktuelle Parameter von WRITE ein korrekter Ausdruck, ist seine Berechnung ohne Überlauf möglich, und was ist dann das Ergebnis? `WRITE(0<MAXINT+0.5)`	ja, ja, TRUE
3.1/2	Welche der folgenden sind korrekte Ausdrücke, wie sind sie zu deuten und was ist das Ergebnis ?	
	`+ - 3.14`	nein, zwei unäre Operatoren unzulässig, siehe A.1 simple expression
	`IF X>=0 THEN TRUNC(X) ELSE TRUNC(-X)`	nein, IF-expression unzulässig
	`1<2<3<4`	nein, (1<2)<3 unzulässig

(1<2)<(3<4)	ja, Operationsaufr. mit BOOLEAN Operanden von Operationsaufrufen mit INTEGER Operanden Ergebnis FALSE

3.1   Ist ein unsigned constant ein Primärausdruck (primary expression)?   ja

3.1.2   Was ist das Ergebnis?

TRUNC(0.49+TRUNC(0.49))	0
TRUNC(0.49+ROUND(0.49))	0
ROUND(0.49+TRUNC(0.49))	0
ROUND(0.49+ROUND(0.49))	0
TRUNC(0.51+TRUNC(0.51))	0
TRUNC(0.51+ROUND(0.51))	1
ROUND(0.51+TRUNC(0.51))	1
ROUND(0.51+ROUND(0.51))	2

3.2.2   Was ist das Ergebnis?

81 DIV 9 DIV 3	3
3 DIV 9 DIV 81	0
3 / 9	3.3333333E-01
17 MOD 9 MOD 5	3
9 MOD 17 MOD 5	4
5 MOD 17 MOD 9	5

4 ANWEISUNGEN

Eine Anweisung (englisch statement) ist eine Tätigkeit (englisch action), die statisch vorprogrammiert ist und dynamisch bei Erreichen der betreffenden Programmstelle ausgeführt wird. Aufeinanderfolgende Anweisungen müssen durch Semikolon getrennt sein.

Ähnlich wie in Ada, anders als in ALGOL_68 und C, hat eine Anweisung insgesamt keinen Wert und unterscheidet sich dadurch von einem Ausdruck (3).

Wir geben zunächst eine Übersicht über die vorkommenden Anweisungen und deren Einteilung (siehe auch Syntaxdiagramm A.1):

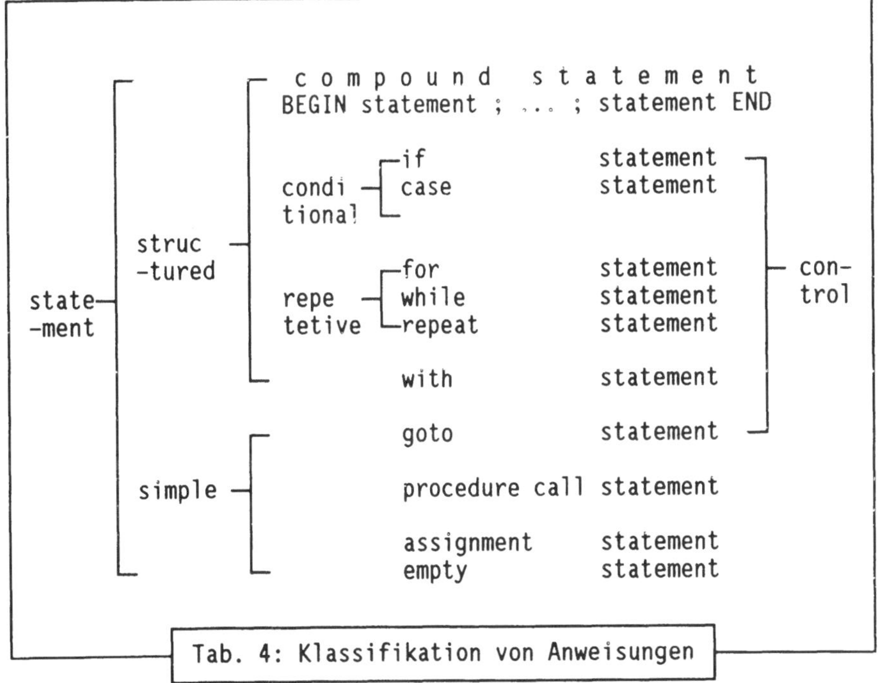

Tab. 4: Klassifikation von Anweisungen

Anders als in Ada, kann in Pascal an Stelle einer Anweisung keine Folge von Anweisungen ohne zusätzlich erforderliche BEGIN...END Klammern geschrieben werden (siehe compound statement, 4.6).

Eine Anweisung kann geschachtelt weitere Anweisungen enthalten. Für die Schachtelung von IF-Anweisungen gibt es in Pascal eine Prioritäten-Regelung ("ELSE gehört zum letzten IF", 4.3).

Namensabkürzungen für Verbund-Komponenten (with statement) werden in Kapitel 6 und Unterprogramm-Aufrufe (procedure call statement) in Kapitel 7 besprochen.

4.1 Assignment Statement

Eine Wertzuweisung (englisch assignment statement) ist nach Syntaxdiagramm A.1 (für statement), abgesehen von der noch hinzukommenden Funktionswertzuweisung (7.5), von der Form

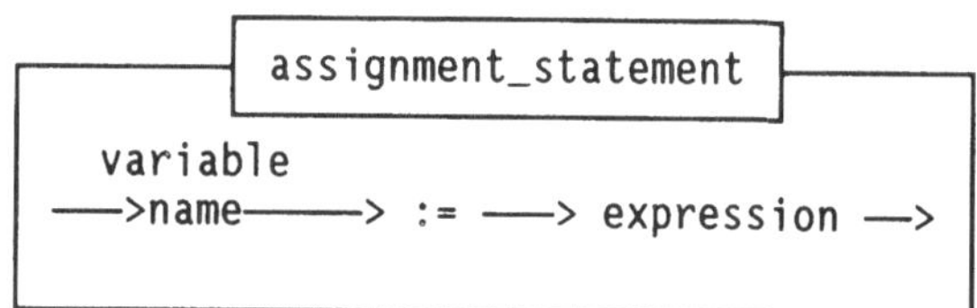

in der Bedeutung (H. Feldmann, ALGOL_68 Bulletin, Dec. 74) von

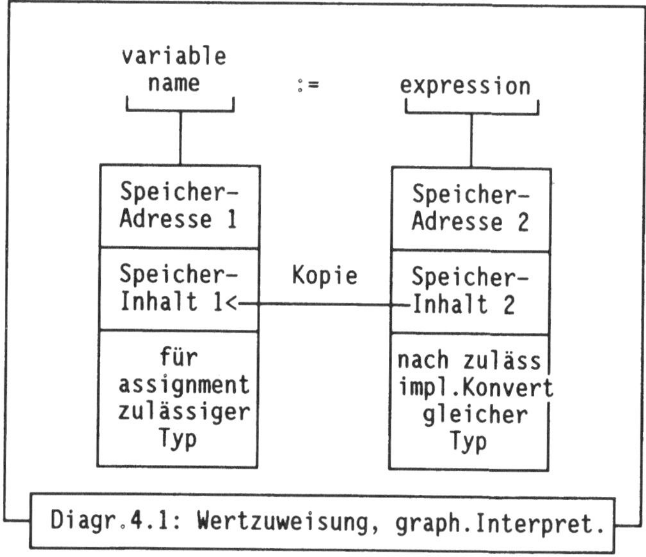

Diagr.4.1: Wertzuweisung, graph.Interpret.

Ein assignment statement ersetzt den jeweiligen Wert (Speicherinhalt) der linken Seite durch eine Kopie des Werts (Speicherinhalt) der rechten Seite unter folgenden Bedingungen:

l)   Die linke Seite muß ein Variablenname (Variablenvereinbarung 2.2.4, nicht NIL) sein, z.B.

```
einfach.Variable: VAR R: REAL;  BEGIN R      :=3.14;
Zeiger-       "  : VAR Z:^REAL;  BEGIN Z      :=NIL;
indizierte    "  : VAR S:STRING6;BEGIN S(.1.):='S';
selektierte   "  : VAR R:RECORD
                       INTEGER K
                       END;     BEGIN R.K   := 1;
```

r)   Die rechte Seite muß ein Ausdruck (siehe 3) sein.

lr)   Für die linke und rechte Seite sind alle Typen zulässig
mit Ausnahme des Typs FILE (8).

Der Typ des Ausdrucks auf der rechten Seite muß,
nach ggf. zulässiger impliziter Konvertierung, mit dem
Typ der Variablen auf der linken Seite übereinstimmen.

Zulässig ist, daß bei einer REAL variable (links) der
expression (rechts) INTEGER sein kann, z.B.

```
korrekt  :  VAR X:REAL    ;BEGIN X:=   1;
inkorrekt:  VAR I:INTEGER;BEGIN I:=3.14;
            (ROUND oder TRUNC erforderlich, 3.1.2)
```

Zulässig ist, daß bei Unterbereichen (subrange, 1.1)
links und rechts nur die zugehörigen Wirtstypen (host
type) übereinstimmen.

Im übrigen geschieht das Aufsuchen der Variablen links
und die Abarbeitung des Ausdrucks rechts in implementationsabhängiger Reihenfolge, z.B.

```
...VAR I:INTEGER;A:ARRAY(.1..2.) OF INTEGER;
   FUNCTION Increment(VAR I:INTEGER):INTEGER;
      BEGIN I:=I+1;Increment:=I;END(*Increment*);
   BEGIN I:=1;A(.I.):=Increment(I);...
```

bewirkt implementationsabhängig A(.1.):=2 oder A(.2.): =2

Leonardo aus Pisa, der Sohn des Bonaccio, verfaßte im 13-ten
Jahrhundert das Buch 'Liber Abacci', aus dem die nachfolgende Aufgabe stammt.

Das Programm Fibonac berechnet die Vermehrung unsterblicher
(Kaninchen-)Paare. Fib(N) ist die Anzahl von Paaren zur Zeit N.
Die rekursive Formel Fib(0)=0, Fib(1)=1, Fib(N)=Fib(N-2)+Fib(N-1),

N>=2, wird aufgelöst in eine repetive WHILE-Schleife mit zwei Wertzuweisungen. Viele Wachstumsvorgänge unserer Umwelt, erfreuliche wie bedrohliche, werden durch eine derartige "Formel des Lebens" beschrieben. Der Leser sei hier ganz seiner eigenen Phantasie überlassen.

Die erste Wertzuweisung Fib1: =Fib0+Fib1 berechnet die neue n-te Population und die zweite Wertzuweisung Fib0: =-Fib0+Fib1 die neue (n-1)-te Population.

Die Abfrage Fib1<=MAXINT/Fib0 ist gleichbedeutend mit

```
Fib0+Fib1<=MAXINT
```

Sie fängt den möglichen Überlauf bei Fib1: =Fib0+Fib1 vorher ab. Anders als in Ada, ist es in Pascal nicht möglich, bereits eingetretenen Überläufe nachträglich einer Fehlerbehandlung zu unterziehen.

Wie schon im Beispiel FakLast (1.6) wird zum Schluß der Wert von MAXINT ausgedruckt.

```
(**************************** Fibonac ***************************)
(* Fibonacci , Leonardo Pisano (aus Pisa),Filius Bonacci,13.Jh. *)
(*  -Zahlen   1 Paar wird   nach  1 Zeiteinheit  fruchtbar  und *)
(*            gebiert dann nach je 1 Zeiteinheit 1 neues Paar: *)
(*            Fib(0)=0,Fib(1)=1,Fib(N)=Fib(N-2)+Fib(N-1), N>=2 *)
(***************************************************************)

PROGRAM Fibonac(Output);

  VAR N,Fib0,Fib1:INTEGER;

  BEGIN

    N:=0;Fib0:=0;         WRITELN('Fib(',0:2,')=',Fib0:5);
    N:=1;Fib1:=1;         WRITELN('Fib(',1:2,')=',Fib1:5);

    WHILE Fib1<=MAXINT-Fib0 DO BEGIN
       N:=N+1;
       Fib1:= Fib0+Fib1;WRITELN('Fib(',N:2,')=',Fib1:5);
       Fib0:=-Fib0+Fib1;
    END(*WHILE*);         WRITELN('MAXINT =',   MAXINT:5)

  END(*Fibonac*).
```

```
| Output
|________________________
|Fib( 0)=      0
|Fib( 1)=      1
|Fib( 2)=      1
|Fib( 3)=      2
|Fib( 4)=      3
|Fib( 5)=      5
|Fib( 6)=      8
|Fib( 7)=     13
|Fib( 8)=     21
|Fib( 9)=     34
|Fib(10)=     55
|Fib(11)=     89
|Fib(12)=    144
|Fib(13)=    233
|Fib(14)=    377
|Fib(15)=    610
|Fib(16)=    987
|Fib(17)=   1597
|Fib(18)=   2584
|Fib(19)=   4181
|Fib(20)=   6765
|Fib(21)=10946
|Fib(22)=17711
|Fib(23)=28657
|MAXINT =32767
```

4.2 Empty Statement

Eine leere Anweisung (englisch empty statement), auch Null-An-weisung genannt, ist nach Syntaxdiagramm A.1 (für statement) eine nicht sichtbare Anweisung der Breite 0, und bedeutet "nichts aus-führen, weiter zur nächstfolgenden Anweisung".

Man benutzt Null-Anweisungen syntaktisch als Lückenbüßer, z.B. für die Markierung eines Block-Endes

```
                                    |
                                    v
        ...BEGIN ...GOTO 9999;...;9999:END.
```

Da die Marke 9999: nur vor eine Anweisung gesetzt werden darf, muß man sich eine Null-Anweisung hinzudenken. Auch lassen sich manche zuviel gesetzte Semikolons durch hinzugedachte Null-Anwei-sungen rechtfertigen, z.B.

```
        |                   |                   |
        V                   V                   V
...BEGIN;WRITE('Samiel');;WRITELN(' Hilf');END.
```

Die leere Anweisung ist ein Relikt aus ALGOL_60. Weiter strukturierte Programmiersprachen, wie z.B. Ada, verwenden statt dessen
eine sichtbare Null-Anweisung "NULL;".

4.3 IF Statement

Eine IF-Anweisung (englisch if statement), auch logisch bedingte Auswahl oder -Verzweigung genannt, ist nach Syntaxdiagramm A.1
(für statement) von der Form

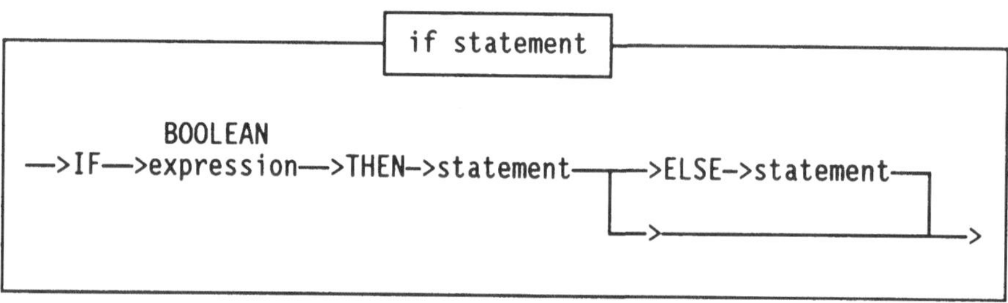

Bedeutung einer IF-Anweisung mit ELSE (Langform):

Je nachdem, ob der Wert des (logischen) Ausdrucks nach IF
TRUE (wahr) oder FALSE (falsch) ist, wird nur die Anweisung nach
THEN durchlaufen oder es wird nur die Anweisung nach ELSE durch-
laufen, z.B. (7.2.1)

```
IF A>B THEN C:=A-B
       ELSE C:=B-A
```

Bedeutung einer IF-Anweisung ohne ELSE (Kurzform):

Eine IF-Anweisung in Kurzform ohne ELSE ist äquivalent einer
Langform mit einem empty statement (4.2) nach ELSE, z.B. (0.2.1)

```
IF Zeichen='E' THEN AnzahlE:=AnzahlE+1
```

Bedeutung einer Schachtelung von IF-Anweisungen:

Da eine IF-Anweisung (if statement) selbst eine Anweisung (statement) ist, sind Schachtelungen von IF-Anweisungen möglich, insbesondere auch Schachtelungen von Kurzformen und Langformen, wobei ohne Prioritätenregelung nicht eindeutig feststellbar ist, zu welchem der verschiedenen IF ein bestimmtes ELSE gehört. Man benötigt eine Prioritätenregelung:

> Bei Schachtelung IF ... THEN IF ... ELSE ...
> mit nur einem ELSE, gehört ELSE zum letzten IF

z.B. druckt die nachfolgende IF-Schachtelung "<" aus:

```
X:=-1;IF X<=0 THEN IF X=0 THEN Write('=') ELSE Write('<')
```

Würde das ELSE zum ersten IF gehören, so würde nichts ausgedruckt. Die IF-Anweisung ohne Schluß-Begrenzer ("open end festival") ist ein Relikt aus ALGOL_60. Weiter strukturierte Programmiersprachen, wie z.B. Ada, vermeiden Mehrdeutigkeiten und Prioritätenregelungen durch Schlußbegrenzer "END IF".

4.4 CASE Statement

Eine CASE-Anweisung (englisch case statement), auch ordinal bedingte (ordinale Typen siehe 1.4) Auswahl oder Verzweigung genannt, ist nach Syntaxdiagramm A.1 (für statement) von der Form

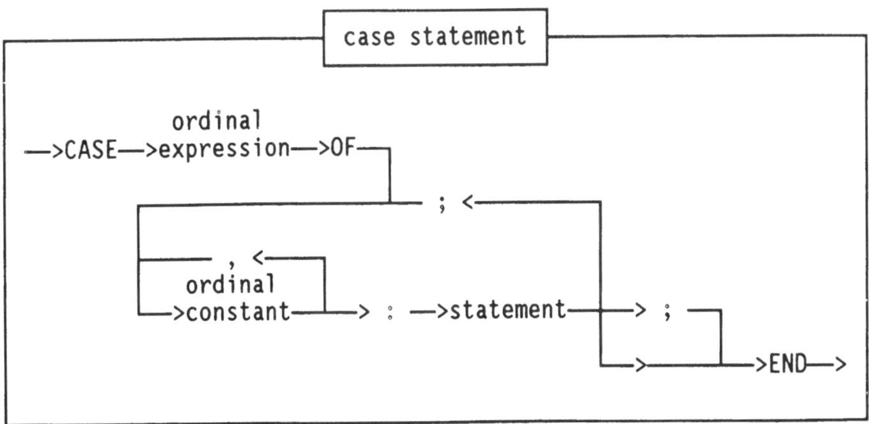

Z. B.

```
      ... VAR          Note:REAL;
          BEGIN   READ(Note);
            CASE ROUND(Note) OF
                1  :WRITE('sehr gut');
                2  :WRITE('gut');
                3  :WRITE('befriedigend');
                4  :WRITE('ausreichend');
                5,6:WRITE('nicht ausreichend')
            END(*CASE*);...
```

Bedeutung der CASE-Anweisung:

Es wird dasjenige statement in der CASE-Anweisung ausgeführt, dessen mit Doppelpunkt ":" vorangesetzte ordinal constant als Auswahl-Alternative den Wert des nach CASE stehenden ordinal expression besitzt.

> Kein ordinaler Wert (nach CASE) darf mehrere zugehörige
> Auswahl-Alternativen (vor Doppelpunkt) besitzen
> (Eindeutigkeit zur Übersetzungszeit).

> Jeder ordinale Wert (nach CASE) muß eine zugehörige
> Auswahl-Alternative (vor Doppelpunkt) besitzen
> (Vollständigkeit zur Laufzeit).

Da eine CASE-Anweisung selbst eine Anweisung ist, sind Schachtelungen von CASE-Anweisungen möglich. Wegen der Terminierung der CASE-Anweisung mit END können bei Schachtelung keine Mehrdeutigkeiten auftreten.

Eine CASE-Anweisung ist als Verallgemeinerung der IF-Anweisung (von speziell BOOLEAN auf allgemein ordinal) zu deuten, allerdings gibt es keine CASE-Kurzformen. Die Reihenfolge der CASE-Alternativen ist beliebig. Die Verzweigung geschieht ordinal, z.B. nach INTEGER, CHAR oder Aufzählungstyp (siehe 1).

Die CASE-Anweisung im nachfolgenden Programm WochTag druckt zu einer aus dem Datum berechneten Wochentag-Nummer 1, ..., 7 den zugehörigen Wochentag-Namen Montag,...,Sonntag aus. Zur Berechnung der Wochentag-Nummer braucht man nur die Anzahl GREGTAG der Tage seit Christi Geburt gemäß den Schaltjahrregeln (15.10.1582) von Papst Gregor XIII. zu bestimmen und so oft wie möglich die Wochenlänge 7 zu subtrahieren, siehe (..MOD 7)+1 in WochTg.

```
(**************************** WochTag *****************************)
(*      Bestimmung des Jahres- und Wochentags aus dem Datum      *)
(*         Gregorianischer Kalender  1582 ... 2099               *)
(****************************************************************)
```

```
PROGRAM WochTag(Input,Output);
   LABEL 9999(*RETURN*);
   TYPE TAG        =                      1..    31;
        JAHRTAG    =                      1..   366;
        MONAT      =                      1..    12;
        GREGJAHR   =1918..2007(*  1582..  2099*);
        GREGTAG    =REAL         (*577449..766644*);
        STRING10   =PACKED ARRAY(.1..10.) OF CHAR;
        atSTRING10=^STRING10;
   VAR  Tg           :TAG;
        Mo,M         :MONAT;
        Jahr         :GREGJAHR;
        MoLen        :ARRAY(.BOOLEAN,MONAT.) OF TAG;

   FUNCTION Schalt(Jahr:GREGJAHR):BOOLEAN;
      BEGIN Schalt:=
        (Jahr MOD 4=0) AND (Jahr MOD 100<>0) OR (Jahr MOD 400=0);
      END(*Schalt*);
   FUNCTION JahrTg(Tg:TAG;Mo:MONAT;Jahr:GREGJAHR):JAHRTAG;
      VAR T:JAHRTAG;J:BOOLEAN;M:MONAT;          (* 1..365 Normal *)
      BEGIN T:=Tg;J:=Schalt(Jahr);             (* 1..366 Schalt *)
        FOR M:=1 TO Mo-1 DO T:=T+MoLen(.J,M.);JahrTg:=T;
      END(*JahrTg*);
   FUNCTION GregTg(Tg:TAG;Mo:MONAT;Jahr:GREGJAHR):GREGTAG;
      VAR J:GREGJAHR;T:GREGTAG;                 (* 577449.0..766644.0 *)
      BEGIN T:=JahrTg(Tg,Mo,Jahr);J:=Jahr-1;
        GregTg:=       J*365.0+(J DIV 4-J DIV 100)+J DIV 400+T;
      END(*GregTg*);(* Vorjahre+      Schaltjahre   + lfd.Jahr   *)
   FUNCTION WochTg(Tg:TAG;Mo:MONAT;Jahr:GREGJAHR):atSTRING10;
      VAR WT:atSTRING10;
      BEGIN NEW(WT);    (* Reduktion um 700000 GREGTAG->INTEGER *)
        CASE (ROUND(GregTg(Tg,Mo,Jahr)-700001.0) MOD 7)+1 OF
           1:WT^:='Montag     ';2:WT^:='Dienstag  ';
           3:WT^:='Mittwoch  ';4:WT^:='Donnerstag';
           5:WT^:='Freitag   ';6:WT^:='Samstag   ';
           7:WT^:='Sonntag   ';
        END(*CASE*);WochTg:=WT
      END(*WochTg*);
BEGIN
   FOR M:=1 TO 12 DO MoLen(.FALSE,M.):=31;
                     MoLen(.FALSE,4.):=30;MoLen(.FALSE, 6.):=30;
                     MoLen(.FALSE,9.):=30;MoLen(.FALSE,11.):=30;
   FOR M:=1 TO 12 DO MoLen(.TRUE ,M.):=   MoLen(.FALSE, M.);
                     MoLen(.TRUE ,2.):=29;MoLen(.FALSE, 2.):=28;
   WRITE('Tg Mo Jahr:');READ(Tg,Mo,Jahr);
   IF Tg>MoLen(.Schalt(Jahr),Mo.) THEN
      BEGIN WRITELN('Tg>MoLen');GOTO 9999;END(*IF*);
   WRITELN('Schalt=',Schalt(      Jahr)     );
   WRITELN('JahrTg=',JahrTg(Tg,Mo,Jahr):1  );
   WRITELN('GregTg=',GregTg(Tg,Mo,Jahr):1:1);
   WRITELN('WochTg=',WochTg(Tg,Mo,Jahr)^    );9999(*RETURN*):
END(*WochTag*).
```

Output	Input
Tg Mo Jahr: Schalt=FALSE JahrTg=365 GregTg=730119.0 WochTg=Freitag	31 12 1999

Diese Wochentagsbestimmung gilt nicht vor 1582, da damals noch die Schaltjahrregeln von Julius Caesar gültig waren (ohne Jahrhundert-Regeln), und gilt nicht nach 2099, da dann die Erddrehung zum erstenmal einen ganzen Tag von Gregors Berechnung abweichen wird. Vielleicht werden dann Jahrtausend-Regeln eingeführt. Da es in Pascal, anders als in C oder Ada, standardmäßig keine LONG-Typen gibt und INTEGER i.a. nicht ausreicht, um die Anzahl GREGTAG-Tage von Christi Geburt bis heute wiederzugeben, z.B. liegt laut Output der 31.12.1999 auf dem 730119-ten GREGTAG, wird der Typ GREGTAG durch REAL simuliert (ca. 3 zusätzliche Ziffern) und der Gültigkeitsbereich GREGJAHR auf 1918..2007 eingeschränkt.

Im Vorgriff auf die Kapitel 6, 7 (Zeiger, Unterprogramme) wurde der Ergebnistyp atSTRING10 der Funktion WochTg als Zeiger auf Strings der Länge 10 eingeführt, z.B. auf 'Donnerstag'.

Falls der Compiler zur Laufzeit READ-Bereichsüberschreitungs-fehler abprüft (implementationsabhängig, 1.1), würde ein unzulässiges Datum, wie z.B. 31 12 99 aus dem ersten Jahrhundert nach Christi Geburt, das nicht im Bereich GREGJAHR liegt, erkannt.

4.5 Schleifen

Eine Schleife, bzw. Schleifen-Anweisung (englisch repetitive statement) bewirkt, daß Anweisungen wiederholt durchlaufen werden, bis die Schleifenende Prüfung (englisch loop check) oder ein Schleifen Heraussprung (in Pascal nur mit GOTO möglich) auf Abbruch entscheiden. Nach Tabelle 4 und Syntaxdiagramm A.1 (für statement) kann eine Schleife im einzelnen sein:

```
for statement,z.B. FOR I:=0 TO 9 DO WRITE(I)
                              druckt 0123456789

while statement,z.B. I:=0;
                  WHILE I<=9 DO BEGIN WRITE(I);I:=I+1 END
                              druckt 0123456789
repeat statement,z.B. I:=0;
                  REPEAT WRITE(I);I:=I+1 UNTIL I=10
                              druckt 0123456789
```

FOR- und WHILE-Schleifen sind "pre checks", d.h. der Test auf Fortsetzung der Schleife findet vor der Schleifen-Anweisung statt. Die REPEAT-Schleife ist ein "post check", d.h. der Test auf Abbruch der Schleife findet nach der Schleifen-Anweisungsfolge statt. Wie in ALGOL_60 gibt es in Pascal noch keinen "in check" in der Mitte der Schleife mit Heraussprung. Weiter strukturierte Programmiersprachen, wie z.B. Ada, verwenden eine solchen "in check" WHEN...EXIT, den man in Pascal mit IF...GOTO simulieren kann (siehe ShelSort, 4.5.1).

4.5.1 FOR Statement

Eine FOR-Schleife (englisch for statement) ist nach Syntax-Diagramm A.1 (für statement) von der Form

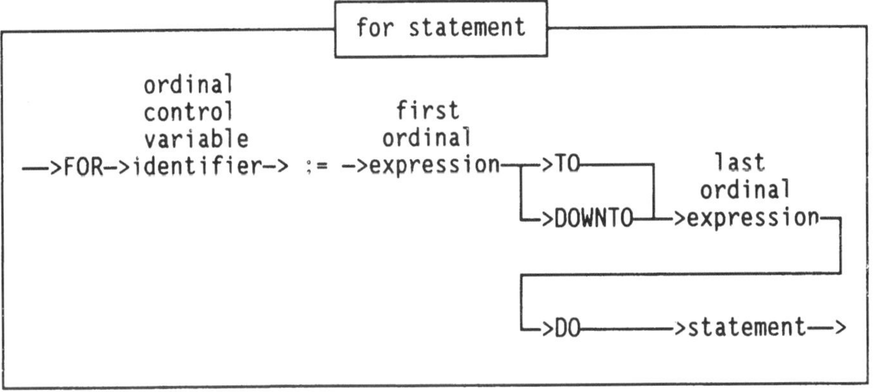

Z.B.

```
...VAR I: 1..        9;BEGIN
   FOR I:=1       TO 9 DO WRITE(I);        druckt 123456789
   FOR I:=9 DOWNTO 1 DO WRITE(I);...       druckt 987654321
```

Bedeutung der normalen FOR ... TO ... Schleife:

Gibt man den Namen (identifier nach FOR) und die ordinalen Laufgrenzen (first and last expression) der vorher im gleichen Block als VAR mit kompatiblem ordinalen Typ vereinbarten Laufvariablen an, so wird diese mit der unteren Laufgrenze first initialisiert und vor jedem weiteren Schleifendurchlauf jeweils um "1" im Sinne der Ordnung des ordinalen Typs erhöht (successor SUCC, A.2.4.4), bis zum Erreichen von last einschließlich.

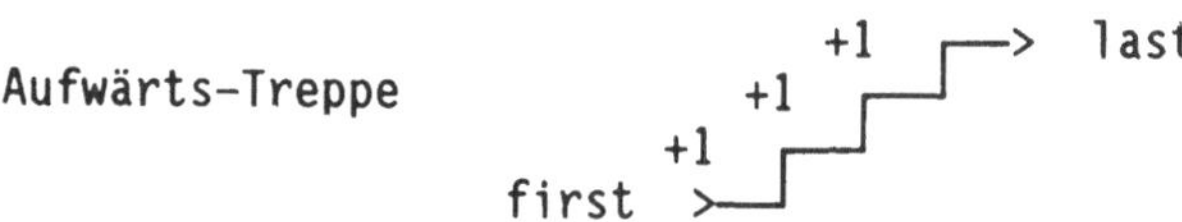

Gibt man den Namen (identifier nach FOR) und die ordinalen Laufgrenzen (first and last expression) der vorher im gleichen Block als VAR mit kompatiblem ordinalen Typ vereinbarten Laufvariablen an, so wird diese mit der unteren Laufgrenze first initialisiert und vor jedem weiteren Schleifendurchlauf jeweils um "1" im Sinne der Ordnung des ordinalen Typs erniedigt (predecessor PRED, A.2.4.4), bis zum Erreichen von last einschließlich.

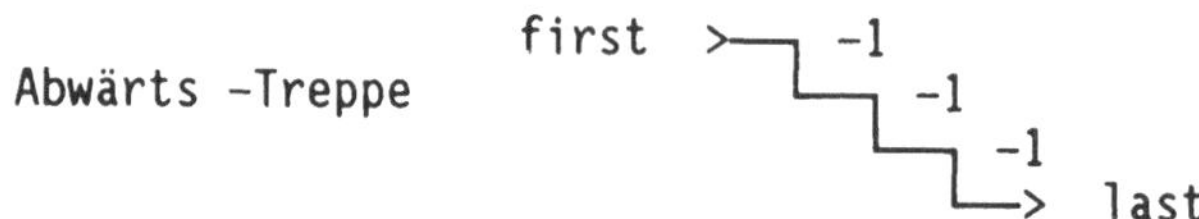

Die Laufgrenzen first, last werden nur einmal zu Beginn der Schleife berechnet. Eventuelle Änderungen der Laufgrenzen aus dem statement der Schleife heraus haben keine Wirkung auf den Schleifenablauf!

Innerhalb der Schleife ist die Lauf"variable" (identifier) für den Programmierer eine "Konstante". Daher ist es nicht möglich, die Laufvariable aus der Anweisung der Schleife heraus zu ändern! (Keine direkte oder indirekte Wert-Änderung über assignment oder READ oder Unterprogramm-Parameter, keine innere Schleife mit gleicher Laufvariable.)

Außerhalb der Schleife, d.h. vor FOR und nach der Schleifen-Anweisung, ist die Laufvariable für den Programmierer eine Variable wie jede andere. Direkt nach dem Schleifendurchlauf ist der Wert der Laufvariablen nicht definiert (undefined), d.h. irgend ein implementationsabhängiger Wert, der auch ein nicht-druckbarer Fehler-Wert sein kann. Die FOR-Schleife mit vorheriger ("doppelter") Vereinbarung der Laufvariablen im umgebenden Block ist ein Relikt aus ALGOL_60. Weiter strukturierte Programmiersprachen, wie z.B. Ada, machen die FOR-Schleife selbst zum Block und vereinbaren den Laufparameter automatisch durch die Laufgrenzen.

Wird durch Laufgrenzen first>last im Falle TO oder first<last im Falle DOWNTO ein sogenannter "leerer Bereich" (englisch null range) für die Laufvariable angegeben, so wirkt die ganze Schleife wie eine Null-Anweisung (empty statement, 4.2), z.B.

```
...VAR I: 0      .. 1;BEGIN
FOR I:=1     TO 0 DO WRITE(I);      druckt nichts
FOR I:=0 DOWNTO 1 DO WRITE(I);...   druckt nichts
```

```pascal
(************************** ShelSort ***************************)
(* Shell-Sort:    Shell 1950,  Ordnen durch Distanzpaar-Tausch *)
(*(bin.Bubble-S.) mit fortlaufd. (binaerer) Distanz-Halbierung, *)
(*               Speicher: nur 1 Hilfsspeicher fuer den Tausch *)
(*************************************************************)

PROGRAM ShelSort(Input,Output);
   CONST n        =60;
         max      =60;
   TYPE  RANGEn   =1..n;
         RANGEmax=1..max;
         STRINGn =PACKED ARRAY(.RANGEn  .) OF CHAR;
         ROW     =        ARRAY(.RANGEmax.) OF STRINGn;
   VAR   R       :ROW;
         RowLng  :RANGEmax;
         StrLng  :RANGEn;

   PROCEDURE GetR;
      VAR I:RANGEmax;C:RANGEn;
      BEGIN
         WRITE('RowLng<=',max:3,':');READLN(RowLng);
         WRITE('StrLng<=',  n:3,':');READLN(StrLng);
         FOR I:=1 TO RowLng DO BEGIN
            WRITE(I,'/',RowLng,':STRING',StrLng,':');
            FOR C:=1         TO StrLng DO READ(R(.I,C.));READLN;
            FOR C:=StrLng+1 TO n       DO        R(.I,C.):=' ';
         END(*FOR I*);
      END(*GetR*);
   PROCEDURE PutR;
      VAR I:RANGEmax;
      BEGIN FOR I:=1 TO RowLng DO WRITELN(R(.I.));END;

   PROCEDURE ChangeR(I,J:RANGEmax);
      VAR S:STRINGn;
      BEGIN S:=R(.I.);R(.I.):=R(.J.);R(.J.):=S;END(*ChangeR*);

   PROCEDURE SortR;
      LABEL O(*EXIT*);
      VAR   Dist,I,J:RANGEmax;
      BEGIN(*Sort*)
         Dist:=RowLng-1;
         WHILE Dist>=1 DO BEGIN
            FOR I:=1 TO RowLng-Dist DO BEGIN J:=I;
               WHILE R(.J.)>R(.J+Dist.) DO BEGIN
                  ChangeR(J,J+Dist);J:=J-Dist;IF J<1 THEN GOTO O;
               END(*WHILE*);O(*EXIT*):
            END(*FOR*);
            Dist:=Dist DIV 2
         END(*WHILE*)
      END(*SortR*);

   BEGIN GetR;SortR;PutR END(*ShelSort*).
```

```
| Output         | Input
|-----------------|-------
| RowLng<= 60:    | 6
| StrLng<= 60:    | 4
| 1/6:STRING4:    | Ford
| 2/6:STRING4:    | AUDI
| 3/6:STRING4:    | BMW5
| 4/6:STRING4:    | Opel
| 5/6:STRING4:    | 190E
| 6/6:STRING4:    | Golf
| 190E            |
| AUDI            |
| BMW5            |
| Ford            |
| Golf            |
| Opel            |
```

Das obenstehende Beispiel ShelSort enthält sowohl FOR-Schleifen (dieser Abschnitt 4.5.1) als auch WHILE-Schleifen (nächster Abschnitt 4.5.2).

In diesem Beispiel wird eine Reihe (ARRAY siehe 5) der Länge RowLng von Worten (String siehe 1.9) der Länge StrLng nach dem Verfahren von Shell (1950) sortiert. Da es in Pascal wie in C, anders als in ALGOL_60 und Ada, keine dynamisch einlesbaren Grenzen für Reihungen gibt, behilft man sich mit übergroßen Reihungen in Maximalgrenzen, hier $RowLng<=max=100$ und $StrLng<=n=79$. Zur Vereinfachung des Beispiels wird die zu sortierende Reihung R global und nicht als formaler Parameter in die Prozeduren GetR, PutR, ChangeR und SortR eingebracht (Parameterübergabe siehe 7.2).

Das Programm ShelSort kann leicht von String-Sortierung auf Zahlen-Sortierung umgestellt werden, indem der Typ STRINGn durch den Typ REAL ersetzt und die Ein/Ausgabeprozeduren GetR/PutR auf REAL umgestellt werden.

Sortieren nach Shell (1950) wird durch wiederholten "Distanzpaar-Tausch"(ChangeR) ausgeführt, beginnend mit der größtmöglichen Distanz Dist: =RowLng-1; , dann fortlaufend mit halbierter Distanz Dist:=Dist DIV 2, sofern noch Dist>=1. Die fortlaufende Distanzhalbierung wird in der Prozedur SortR durch eine WHILE-Schleife beschrieben:

```
WHILE Dist>=1 DO BEGIN ... Dist:=Dist DIV 2;END(*WHILE*)
```

Ein Distanzpaar-Tausch ChangeR(I, J+Dist) vertauscht die Werte von R(.I.) und R(.I+Dist.). Man benötigt dazu (vgl. Tausch, 7.2.2) einen STRINGn-Zwischenspeicher S für den Wert von R(.I.).

In der äußeren WHILE-Schleife zum Halbieren der Distanzen findet
man eine weitere WHILE-Schleife zum "Nachsortieren nach links",
um eventuell nach einem Distanzpaar-Tausch links von I entstehende
Unordnung wieder zu bereinigen (EXIT Simulation, vgl. 4.5):

```
WHILE R(.J.)>R(.J+Dist.) DO BEGIN
    ChangeR(J,J+Dist);J:=J-Dist;IF J<1 THEN GOTO 0;
END(*WHILE*);0(*EXIT*):
```

Diese WHILE-Schleife übernimmt auch den normalen Distanzpaar-
tausch an der laufenden Stelle J=I. Der Durchlauf I selbst wird in
der umgebenden FOR-Schleife hochgezählt.

Durch Vorsortieren mit dopelter Distanz entfallen viele Sor-
tierungen mit einfacher Distanz. Das Verfahren "Shell-Sort" ist
schneller als das Verfahren "Nachbar-Tausch" (Übungsaufgaben), das
nur mit der Distanz 1 arbeitet und größenordnungsmäßig n*n Vergleiche benötigt: n Vergleiche für jeden Durchlauf und n Durchläu-
fe, um nach links nachzusortieren.

Da "Shell-Sort" mit einem Durchlauf (und wenigen Nachsortier-
schritten) pro Distanz auskommt, und bei binärer Distanzverfei-
nerung nur log2(n) verschiedene Distanzen auftreten, benötigt
"Shell-Sort" größenordnungsmäßig n*log2(n) Vergleiche, ebenso wie
die anderen bekannten Binär-Verfahren "Bin-Sort" (6.2.1), "Merge-
Sort" und "Quick-Sort" (Übungsaufgaben Übg). Sortiert man z.B.
n=1024 Worte, so ist ein Binärverfahren wie "Shell-Sort" etwa um
den Faktor n/log2(n)=1024/10=102, 4 mal schneller als ein Elemen-
tarverfahren wie "Nachbar-Tausch"!

4.5.2 WHILE Statement

Eine WHILE-Schleife (englisch while statement) ist nach Syntaxdiagramm A.1 (für statement) von der Form

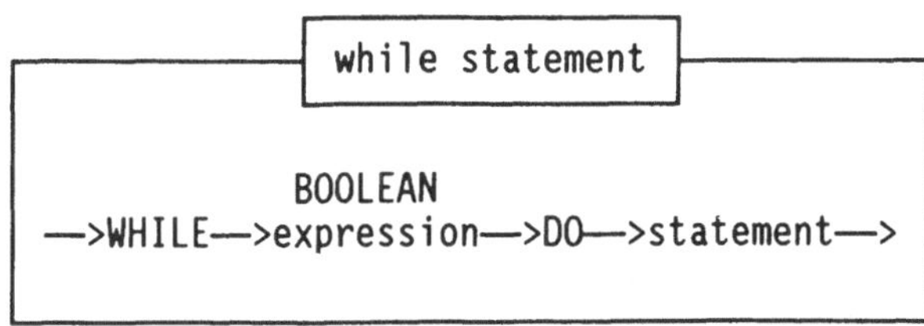

z.B.

```
...VAR I:INTEGER;BEGIN I:=9;
   WHILE I>0 DO BEGIN WRITE(I,1);I:=I-1;END(*WHILE*);...
                              druckt 987654321
```

Bedeutung der WHILE Schleife:

Ergibt die Prüfung, d.h. der boolean expression innerhalb WHILE ... DO, den Wert TRUE, dann wird die Schleifenanweisung (noch einmal) durchlaufen, ergibt die Prüfung den Wert FALSE, dann wird die Schleife abgebrochen.

WHILE-Schleifen können verwendet werden etwa für die Konstruktion von Schleifen mit Zeigern (6,1) als Laufparametern, z.B.

```
...VAR Z:ZEIGER;BEGIN Z:=AnfangZ;...
   WHILE Z<>NIL DO...;Z:=Nachfolger(Z);END(*WHILE*);...
```

oder für die Konstruktion von Schleifen mit nichtlinear inkrementierten Laufparametern (vgl. ShelSort oben), z.B.

```
...VAR I:INTEGER;BEGIN I:=8;...
   WHILE I>=1 DO BEGIN...;I:=I DIV 2;END(*WHILE*);...
```

oder für die Abfrage von Ereignissen, die aus der Schleifenanweisung heraus beeinflußt werden (EoF "end of file", 8, A.2.4.2), z.B.

```
...WHILE NOT EoF DO BEGIN...END(*WHILE*);...
```

FOR- und WHILE-Schleifen haben als Relikte aus ALGOL_60 keine Schluß-Begrenzer ("open end festival"). Weiter strukturierte Programmiersprachen, wie z.B. Ada, vermeiden die dadurch eingeleitete BEGIN...END Inflation durch Schlußbegrenzer "END FOR" und "END WHILE".

4.5.3 REPEAT Statement

Eine REPEAT-Schleife (englisch repeat statement), auch UNTIL-Schleife genannt, ist nach Syntaxdiagramm A.1 (für statement) von der Form

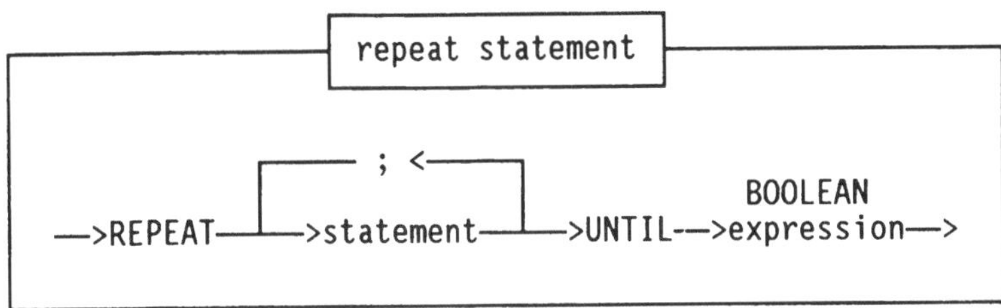

z.B.

```
...VAR I:INTEGER;BEGIN I:=1;
   REPEAT WRITE(I,1);I:=I-1 UNTIL I=9;...
```

druckt 123456789

Bedeutung der REPEAT-Schleife:

Die Schleifenanweisungsfolge innerhalb REPEAT...UNTIL wird erst einmal durchlaufen. Ergibt die Prüfung, d.h. der boolean expression nach UNTIL den Wert TRUE, dann wird die Schleifenanweisungsfolge innerhalb REPEAT...UNTIL so lange wiederholt, bis die Prüfung den Wert FALSE ergibt, dann wird die Schleife abgebrochen .

Bei bei der REPEAT-Schleife handelt es sich um wiederholt durchlaufene Anweisungen mit nachgestellter Abbruch-Prüfung (englisch postcheck). Die REPEAT-Schleife besitzt wie die WHILE-Schleife keine automatisch hochgezählte Laufvariable. In weiter strukturierten Programmiersprachen, wie z.B. Ada, wird an Stelle der REPEAT-Schleife eine frei Schleife LOOP...END LOOP verwendet mit einem als "post check" gesetzten "in check" WHEN... EXIT. Eine freie Schleife kann man mit WHILE TRUE DO... simulieren, einen "in check" mit IF...GOTO.

Das nachfolgende Beispiel Primzahl enthält eine REPEAT-Schleife und eine FOR-Schleife (EXIT Simulation, vgl. 4.5).

Zur Prüfung einer natürlichen Zahl N auf Primzahleigenschaft untersucht man, ob N ganzzahlig durch Divisoren $1 < D < N$ teilbar ist, d.h. N MOD D$=0$.

Zur Beschleunigung des Verfahrens beschränkt man sich auf D$=2$ und sonst nur ungerade D. Außerdem braucht man nicht bis zu D gleich N-1, sondern nur bis zu D gleich ROUND(SQRT(N)) zu suchen: Gibt es oberhalb der Wurzel aus N einen Teiler Doben, so muß bereits unterhalb der Wurzel aus N ein Teiler Dunten zu finden sein mit Dunten*Doben$=$N.

```
(*************************** Primzahl ****************************)
(*      IsPrim, Funktion zur Pruefung auf Primzahl-Eigenschaft   *)
(*                     Groesste POS Primzahl                     *)
(***************************************************************)

PROGRAM Primzahl(Output);
   LABEL 0(*EXIT*);
   TYPE  POS=1..MAXINT;
   VAR   N  :POS;

   FUNCTION IsPrim(N:POS):BOOLEAN;
      LABEL 9999(*RETURN*);
      VAR   FIRST,LAST:POS;
      BEGIN
         IF (N MOD 2=0) AND (N>2) THEN BEGIN
            IsPrim:=FALSE;GOTO 9999(*RETURN*);
         END(*IF*);
         FIRST:=1;LAST:=ROUND(SQRT(N));
         REPEAT FIRST:=FIRST+2
         UNTIL (N MOD FIRST=0) OR (FIRST>LAST);
         IsPrim:=FIRST>LAST;
         9999(*RETURN*):
      END(*IsPrim*);

   BEGIN
      WRITE('Groesste POS Primzahl=');
      FOR N:=MAXINT DOWNTO 1 DO
         IF IsPrim(N) THEN BEGIN
            WRITELN(N);GOTO 0(*EXIT*);
         END(*IF*);0(*EXIT*):
   END(*Primzahl*).
```

```
| Output
|________________________________________

|Groesste POS Primzahl=32749
```

4.6 Folgen von Anweisungen (compound statement)

   Pascal ist noch nicht so weit strukturiert wie z.B. Ada, wo an
jeder Stelle im Programm, an der ein Statement zulässig ist (z.B.
in IF-Anweisungen nach THEN und   ELSE oder in Schleifen nach
DO),   auch eine Folge von Statements zulässig ist. Man benutzt in
Pascal als   Hilfskonstruktion   eine   "geklammerte serielle Anweisung", die Doppeltrenner THEN BEGIN oder   ELSE BEGIN oder
DO BEGIN und eine BEGIN...END Inflation mit sich bringt.

Eine geklammerte serielle Anweisung (englisch compound statement) hat keine Vereinbarungen, bildet auch keinen Vereinbarungsbereich (7.7), ist selbst ein statement und ist nach Syntaxdiagramm A.1 (für statement) von der Form

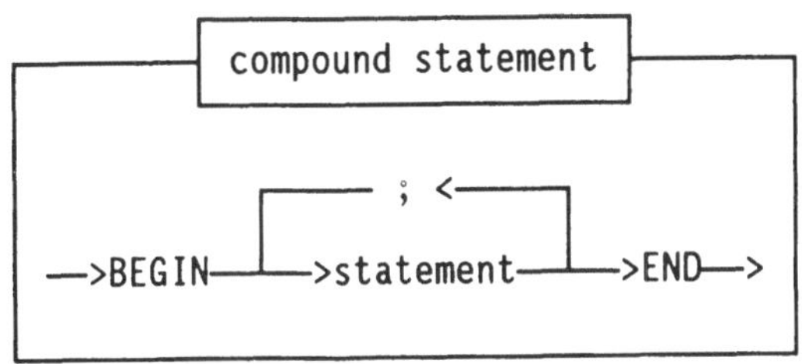

z.B.

```
BEGIN READ(X);X:=X+1;WRITE(X) END
```

Wie so oft im Leben ist die Wahrheit zeitabhängig und der Irrtum kann zunächst erfolgreich die Stelle der Wahrheit vertreten. Compound Statements hielt man früher für ein Markenzeichen strukturierten Programmierens. Heute wertet man diese Krücken als eine Bankrotterklärung strukturierten Programmierens.

4.7 Label, GOTO Statement

Eine GOTO-Anweisung (englisch goto statement), auch Sprunganweisung oder Zielaufruf genannt, ist nach Syntax-Diagramm A.1 (für statement) von der Form

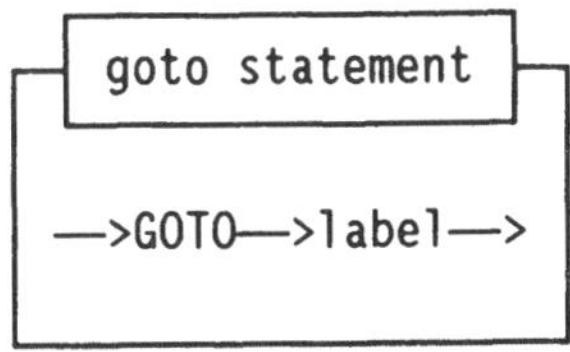

z.B.

```
GOTO 4711
```

und bedeutet Sprung von der Sprunganweisung zu der durch das label bezeichneten Zielanweisung im gleichen Block. In der Zielvereinbarung (2.2.1) des gleichen Blocks muß das label (deutsch Marke), auch Sprungziel genannt, vorher vereinbart sein. Vereinbarungs- und Aufrufbarkeitsbereich von Sprungzielen sind ganz analog wie für andere Bereichs-Größen (7.7) definiert.

Es sind also Vorwärts- und Rückwärtssprünge in einer Folge von Anweisungen zulässig, auch Sprünge aus inneren Folgen, z.B. aus einer Schleife (z.B. Fehlerausgänge). Verboten sind Sprünge in innere Blöcke (von Unterprogrammen) und Sprünge in strukturierte Anweisungen (englisch structured statement, siehe Tab. 4), z.B. in eine (dann nicht ordnungsgemäß gestartete) IF-Anweisung oder in eine (dann nicht ordnungsgemäß gestartete) FOR-Schleife.

Ein Label kann auch einfach als Marke, d.h. ähnlich wie ein Kommentar, ohne GOTO Statement verwendet werden.

Programme mit GOTO werden wegen ihrer Unübersichtlichkeit als "Spaghetti-Programme" charakterisiert. Es wird dringend empfohlen, keine GOTO-Anweisungen zu benutzen (E.W. Dijkstra: "Goto-Statement Considered Harmful", Comm. ACM 11, pp. 341..., 1968). Diese Empfehlung läßt sich aber wegen fehlender Strukturelemente in Pascal nicht immer befolgen. Z.B. simuliert man den fehlenden WHEN ...EXIT Sprung aus einer Schleife (4.5) oder den fehlenden RETURN Sprung aus einem Programm oder Unterprogramm (7.5) am besten mit IF...GOTO. Empfehlungen in älteren Lehrbüchern, diese Sprünge mit Hilfe zusätzlich eingeführter BOOLEAN Hilfsvariablen und kunstvoller WHILE... Abfragen zu simulieren, treiben den Teufel mit dem Beelzebub aus (F. L. Bauer: "Variables Considered Harmful", TU München 1975, Report Nr. 7513) und zeigen, daß den Autoren strukturierte EXIT- und RETURN-Sprünge noch unbekannt waren.

4.8 Testfragen

zu Frage	abdeckbare Antwort
4.1 Kann im assignment statement V:=E; E wieder ein assignment statement sein?	nein (A.1), keine mehrfachen Anweisungen in Pascal
4.1 Welche Werte haben VAR A,B:CHAR nach folgenden Wertzuweisungen ? A:='B';B:=A;A:='A';	A='A', B='B'

	Können im Programm direkt aufeinander- derfolgen:	
4	mehrere END?	ja
4.2	mehrere Semikolon?	ja
	Semikolon END?	ja
	END Semikolon?	ja
4	Darf vor END ein Semikolon stehen?	ja
4.2	Muß nach END ein Semikolon stehen?	nein, z.B. END.

4.2   Was wird ausgedruckt ?
4.3

```
IF     ODD(3) THEN WRITE('3 ungerade')        | 3 ungerade
IF NOT ODD(3) THEN;WRITE('3 ungerade')        | 3 ungerade
```

4.3   Welche der folgenden sind korrekte
(bedingte ?) Anweisungen?

```
        IF X>0 THEN Y:=X ELSE Y:=-X           | alle
Y:=X;IF X<0 THEN            Y:=-X

        IF X>0 THEN Y:=X;ELSE Y:=-X           | keine, falsches ';'
Y:=  IF X>0 THEN X ELSE        -X             | kein bedingter Aus-
                                              |   druck in  Pascal
```

4.3   Bestimme den Wert von I in

```
I:=0;IF 1<2 THEN IF 3>4 THEN I:=5 ELSE I:=6   | I=6
I:=0;IF 1>2 THEN IF 3<4 THEN I:=5 ELSE I:=6   | I=0
I:=0;IF 1<2 THEN ELSE IF
              3<4 THEN        ELSE I:=5'       | I=0
I:=0;IF 1>2 THEN ELSE IF
              3>4 THEN        ELSE I:=5        | I=5
```

4.4   Bestimme den Wert von I in

```
I:=0;CASE 1<2 OF TRUE:IF 3>4 THEN I:=6 END    | I=0
I:=0;CASE 1>2 OF TRUE:IF 3<4 THEN I:=6 END    | Laufzeit-Fehler
```

4.5   Welche der folgenden sind korrekte
Schleifen und was wird ausgedruckt?

```
FOR I:=1 TO 2 DO BEGIN I:=I+1;WRITE(I)END     | nein, I:=I+1 unzul.

                                              | alle:
FOR UPTO:=0 DOWNTO 0 DO;                       |   nichts ausgedruckt
```

```
    FOR I:=1 TO 2 DO WHILE ODD(I) DO WRITE(I)      1 1 1 . . .

REPEAT FOR I:=1 TO 2 DO WRITE(I) UNTIL ODD(I)      1 2, dann I undef.

      I:=1;WHILE ODD(I) DO REPEAT
              I:=I+1;WRITE(I) UNTIL ODD(I)          2 3 4 . . .
```

4.5.1   Berechne mit einer FOR-Schleife die
1.6   Näherungssumme für e:

$$1 + \frac{1}{1} + \frac{1}{1*2} + \frac{1}{1*2*3} ..+ \frac{1}{1*2*3*..*9}$$

```
...
VAR I      :INTEGER;
      Term,e:REAL;...
Term:=1.0;e:=Term;
FOR I:=1 TO 9 DO BEGIN
    Term:=Term/I;
    e   :=e+Term
END(*FOR*)...
```

4.5.3   Gibt es in Pascal Folgen von state-   ja, z.B.in Klammern
4.6   ments ohne BEGIN...END Klammerung?   REPEAT...UNTIL

4.7   Darf GOTO auseinandergeschrieben   nein, 0.3.1, A.1,
        werden als GO TO ?   GO kein word symbol

4   Welche der folgenden sind korrekte
4.7   GOTO-Sprünge?

                                                structured statement
    LABEL 3...FOR I:=1 TO 2 DO GOTO 3;3:...   ja   (Heraussprung)
    LABEL 3...GOTO 3;FOR I:=1 TO 2 DO 3:;...   nein (Hineinsprung)
    LABEL 3...CASE I OF 3:GOTO 3;END;...   nein (Ausw.altern.)

5 REIHUNG (ARRAY) UND MENGENBILDUNG (SET)

Reihungen (5.1) von Komponenten gibt es in einer (Vektor), zwei (Matrix) oder mehr Dimensionen. Die Anzahl der gewünschten Dimensionen und die Indexgrenzen in jeder Dimension sind bei der vollständigen Vereinbarung einer Reihung festzulegen. In Pascal (level 1) gibt es auch vorläufig unvollständige Reihungstypen, allerdings nur für Parameter von Unterprogrammen (konforme Reihungsschemata, 7.3). Wie in Programmiersprachen durchweg üblich, müssen die Komponenten einer Reihung alle vom gleichen Typ sein. Die Identifizierung der Komponenten geschieht zur Laufzeit durch Berechnung der Indizes.

Indexgrenzen für Reihungen können in Pascal, anders als sonst in der ALGOL-Familie, leider nicht dynamisch, d.h. nicht mit einlesbaren Grenzen vereinbart werden. Dynamische Indexgrenzen simuliert man in Pascal durch übergroße Indexgrenzen, innerhalb derer man sich auf einlesbare Bereichsgrenzen beschränkt.

Mengenbildung (5.4) ist eine Innovation von Pascal. Allerdings hat man in weiter strukturierten Programmiersprachen, wie z.B. Ada, nur das Bereichskonzept, d.h. die Aufzählungstypen und Unterbereichstypen (1.1), den Operator IN auf Enthaltensein in der Menge (3, 5.4) und das mengenbildende Aggregat (5.4) übernommen. Die Inkompatibilität mit dem Bereichskonzept (1.1) führte das Potenzmengenkonzept (5.4) in die Sackgasse, z.B. ist in Pascal der Operator IN unverständlicherweise nur für Potenzmengen definiert.

5.1 Reihungstyp, Komponente

Eine Reihung wird entweder durch eine vorhergehende Reihungstyp-Vereinbarung oder direkt in einer Konstanten- oder Variablenvereinbarung mit Reihungstyp vereinbart.

Ein Reihungstyp (englisch array type), früher auch Feldtyp genannt, ist nach Syntaxdiagramm A.1 (für type) von der Form

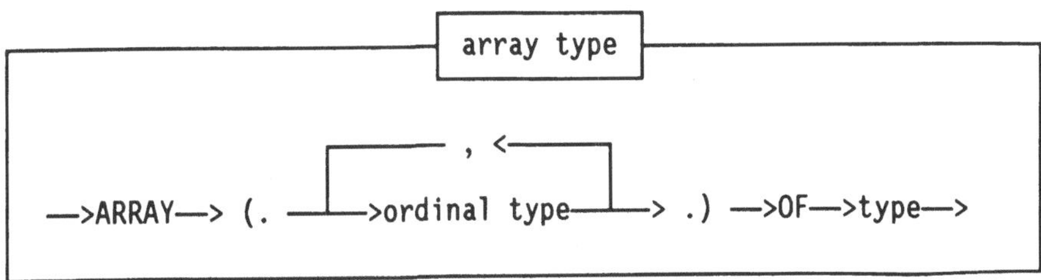

und erscheint entweder in Typvereinbarungen (2.2.3), z.B.

```
TYPE BYTE  =ARRAY(.1..8.) OF BOOLEAN;
     VEKTOR=ARRAY(.1..3.) OF REAL;
     MATRIX=ARRAY(.1..2.) OF VEKTOR;
```

oder in Variablenvereinbarungen (2.2.4), z.B. mit dem vorher vereinbarten Aufzählungstyp TYPE FARBE=(Karo,Herz,Pik,Kreuz) und
dem adhoc definierten Aufzählungstyp (N7,N8,N9,N10,B,D,K,As)

```
VAR  V      :ARRAY(.1..3.)                          OF REAL   ;
     M      :ARRAY(.1..2.)                          OF VEKTOR ;
     A,B    :ARRAY(.1..2,1..3.)                      OF REAL   ;
     Trumpf:ARRAY(.FARBE,(N7,N8,N9,N10,B,D,K,As).) OF BOOLEAN
```

Die Typen BYTE, VEKTOR und die Variable V sind als 1-dimen-
sionale Reihungen, die übrigen als 2-dimensionale Reihungen vereinbart.

"Reihung von Reihung" ist in Pascal "assoziativ", z.B. ist

```
ARRAY(.1..2.) OF ARRAY(.1..3.)   äquivalent  ARRAY(.1..2,1..3.)
```

Wie man sieht, sind in Pascal, allgemeiner als in ALGOL_60,
als Indextypen nicht nur INTEGER-Bereiche, sondern beliebige ordinale Typen 1.4) zugelassen, z.B. auch CHAR oder vom Benutzer
selbst vereinbarte Aufzählungstypen.

Eine indizierte Variable (englisch subscripted variable), d.h.
der Name der Komponente einer Reihung (englisch array component)
kann nach Syntaxdiagramm A.1 (für variable) aufgerufen werden in
der Form

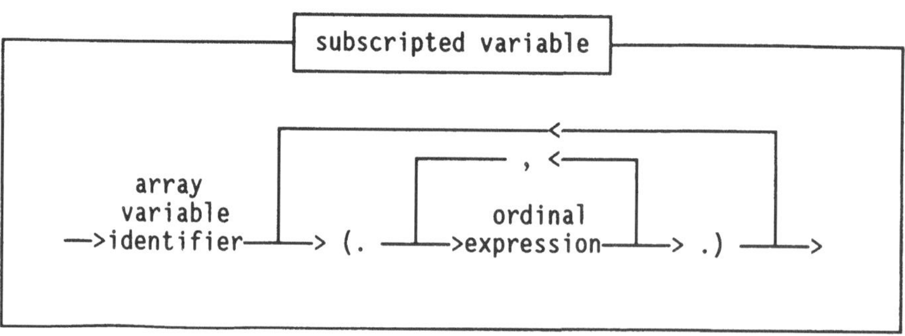

z.B.   V(.I.), M(.2,3.), oder Trumpf(.Herz,As.) in

```
FOR I:=1 TO 2 DO READ(V(.I.));
WRITE(M(.2,3.));
IF Trumpf(.Herz,As.) THEN Stechen
```

Die Identifizierung der Komponenten geschieht zur Laufzeit durch Berechnung der Indizes. In Pascal gibt es, anders als in ALGOL_ 68 oder Ada, keine den Mengen-Aggregaten (5.4) analogen Reihungs-Aggregate, d.h. die Zuweisung von Werten an Reihungen kann nur komponentenweise geschehen. Allerdings gilt die Wertzuweisung (assignment statement 4.1) auch für Reihungs-Variablen ohne Indizierung, d.h. für die "Reihung insgesamt", z.B. V oder A in

```
M(.2.):=V;
A      :=B
```

Auch gibt es in Pascal keine beliebigen Ausschnitte aus Reihungen, wie z.B. Aufruf einer "Spalte" einer Matrix. Allerdings gibt es die Hilfskonstruktionen PACK und UNPACK (5.2).

```
(***************************** FigRev *****************************)
(* Figur-Reversion: zur Array-Demonstration , sehr ausfuehrlich *)
(* Eingabe         : 5 Zeilen mit (7 Figur -Zeichen + line-feed) *)
(* Ausgabe         : 5 Zeilen mit (revers 7 Zeichen + line-feed) *)
(*****************************************************************)

PROGRAM FigRev(Input,Output);
   CONST                 Len1=5 ;Len2=7;
   VAR   Figur:ARRAY(.1..Len1,1..Len2.) OF CHAR;
         i    :         1..Len1                ;
         j    :                 1..Len2        ;
   BEGIN
      FOR i:=1 TO Len1 DO              (**************************)
         BEGIN                         (*    Zwei geschachtelte  *)
            FOR j:=1 TO   Len2 DO      (*      FOR-Schleifen     *)
               READ (Figur(.i,j.));    (*    fuer Eingabe eines  *)
            READLN                     (* 2-dimensionalen ARRAYs *)
         END(*FOR*);                   (**************************)
                                                           WRITELN;
      FOR i:=1 TO Len1 DO              (**************************)
         BEGIN                         (*    Zwei geschachtelte  *)
            FOR j:=Len2 DOWNTO 1 DO    (*      FOR-Schleifen     *)
               WRITE(Figur(.i,j.));    (*    fuer Ausgabe eines  *)
            WRITELN                    (* 2-dimensionalen ARRAYs *)
         END(*FOR*);                   (**************************)
   END(*FigRev*).
```

```
| Input    | Output
|----------|--------
| *******  | *******
| *......  | ......*
| ****...  | ...****
| *.....   | .....*
| *.....   | .....*
```

Im obenstehenden Demonstrationsbeispiel FigRev wird im einzelnen vorgeführt, wie eine zweidimensionale Reihung Figur vereinbart
wird, wie dann die Werte für Figur zeilenweise von der Input-Datei
eingelesen und danach zeilenweise wieder auf die Output-Datei
ausgegeben werden.

Die äußere i-Schleife enthält eine innere j-Schleife zur Eingabe
jeweils einer Zeile von Reihungselementen. Nach Durchlauf der inneren j-Schleife gibt die äußere i-Schleife einen Zeilenvorschub.

Len1=5 ist die Spaltenlänge und Len2=7 ist die Zeilenlänge. Um
das Beispiel etwas interessanter zu gestalten,   wird die Figur in
den Zeilen revers ausgegeben,   d.h. im zweiten Index j in umgekehr-
ter Reihenfolge ausgegeben

```
FOR j:=Len2 DOWNTO 1 DO WRITE(Figur(.i,j.))
```

Anders als in kartesischen Koordinaten (i, j) zählt bei einer Matrix wie Figur(.i, j.) der erste (Spalten-)Index i nach unten und
der zweite (Zeilen-)Index j nach rechts.

Das folgende Beispiel Labyrint(h) ist in Gestalt des sagenumwo-
benen Ariadne-Faden Verfahrens nicht weniger reizvoll als in mo-
derner Gestalt mit rekursivem Backtracking.

Das Labyrinth ist hier nicht zweidimensional,   sondern eindimen-
sional in Schriftreihenfolge durchnumeriert, um die Zahl der Parameter von BackTrack und somit Aufrufzeiten zu reduzieren.

"Labrys" ist ein vorgriechisch, vorindogermanisches Wort, bedeutet "Stein-Paar" und weist vielleicht auf das Gipfelpaar des
Ida-Bergs von Kreta hin, wo die Geburtshöhle des Zeus liegt. Die
steinzeitlich synonyme Deutung "Doppel-Beil" kann aber auch Insig-
nie für einen Stamm oder einen König sein. Auch der Königspalast
Knossos in Kreta in Sichtweite des Berges Ida kann gemeint sein.
Dort finden sich mannshohe Steinsymbole, die sowohl als oberer
Teil einer Doppelaxt als auch als Hörner-Paar des Zeus-Stiers gedeutet werden können.

```pascal
(*************************** Labyrint ***************************)
(* Labyrinth: Ariadne-Faden-Sage, Knossos (Kreta) , 3.Jt.v.Chr. *)
(*            Rekursives Backtracking-Verfahren, Dijkstra, 1960 *)
(*            Suchen/Drucken aller Faden-Wege '.' im Rechtecks- *)
(*            Labyrinth  von  Lenl Reihen   und Len2 Spalten . *)
(*            Innen: Start '+', Weg ' ', Mauer 'O', Ausgang '*' *)
(*            Aussen   am   Rand   nur : Mauer 'O', Ausgang '*' *)
(***************************************************************)

PROGRAM Labyrint(Input,Output);
   CONST (*Len1 =9;*)
          Len2 =9;
          Len  =(*Len1*Len2=*)81;
   TYPE   RANGE=1..Len;
   VAR    Lab  :ARRAY(.RANGE.) OF CHAR;
          Start:          RANGE;

   PROCEDURE GetLab;
      VAR i:1..Len;
      BEGIN
         FOR i:=1 TO Len DO BEGIN
            READ (Lab(.i.));
            IF i MOD Len2 = 0 THEN READLN;
            IF Lab(.i.)    ='+'THEN Start:=i
         END(*FOR*)
      END(*GetLab*);
   PROCEDURE PutLab;
      VAR i:1..Len;
      BEGIN
         FOR i:=1 TO Len DO BEGIN
           WRITE(Lab(.i.));
           IF I MOD Len2 = 0  THEN WRITELN
         END(*FOR*);
      END(*PutLab*);

   PROCEDURE BackTrack(First:RANGE);
      VAR Next     :RANGE;
          Direction:1..4;
      BEGIN
         Lab(.First.):='.';
         FOR Direction:=1 TO 4 DO BEGIN
            CASE Direction OF      1:Next:=First-Len2;
               2:Next:=PRED(First);           3:Next:=SUCC(First);
                                    4:Next:=First+Len2;
            END(*CASE*);
            IF     Lab(.Next.)=' ' THEN BackTrack(Next)
            ELSE IF Lab(.Next.)='*' THEN BEGIN WRITELN;PutLab;END;
         END(*FOR*);
         Lab(.First.):=' '
      END(*BackTrack*);

   BEGIN GetLab;BackTrack(Start);END(*Labyrint*).
```

```
| Input     | Output     | Output (Fortsetzung)
|0000*0000  |0000*0000   |0000*0000
|0 0     0  |0  0....0   |0  0....0
|0 00000 0  |0 00000.0   |0 00000.0
|0      0 0 |0...  0.0   |0  ...0.0
|0 0 0 0 0  |0.0.0 0.0   |0 0.0.0.0
|0 0+0 0 0  |0.0.0 0.0   |0 0.0.0.0
|0 000 0 0  |0.000 0.0   |0 000.0.0
|0       0  |0.......0   |0    ...0
|000000000  |000000000   |000000000
```

Nach der Sage wurde das palastartige "Labyrinth" vom Architekten Daidalos im Auftrag des Königs Minos auf Kreta erbaut. Darin hauste der Minotaurus, ein Mensch-Stier Ungeheuer, Sohn eines göttlichen Stiers und der Gattin Pasiphae des Minos. Der Minotaurus verschlang alle, die sich im Labyrinth verirrten. Mit Hilfe eines Fadens, den ihm Ariadne, die Tochter des Minos, mitgegeben hatte, fand Theseus den Weg zum Minotaurus, tötete ihn, und fand den Weg zurück.

Vielleicht ist die Sage eine Allegorie auf den Sieg der Vernunft (Ariadne-Faden) über die dumpfen Urtriebe (Stier); vielleicht auch überliefert sie den Sieg der Griechen (Theseus) über die Kreter (Minos) und die Übernahme der kretischen Kultur. Noch ist nicht geklärt, ob die Alt-Kreter (Bilderschrift 2.Jt. v. Chr, Linear-A Schrift seit 1800 v.Chr., beide nicht entziffert) schon griechisch sprachen.

Der Jahrtausende alte Algorithmus des "Ariadnefaden"s ist der antike Vorläufer des modernen rekursiven "backtracking" Verfahrens, das 1960 von E.W. Dijkstra eingeführt wurde am Beispiel des "8-Königinnen-Problem" (Übungsaufgaben).

Backtracking-Regeln:

- Zur Vermeidung von Rundläufen um "Inseln" wird auf dem Weg ein Ariadne-Faden ausgelegt (tracking), der im weiteren Wegverlauf nicht mehr betreten werden darf (wie eine Mauer), d.h. Rundläufe werden zu Sackgassen.

- Zur Erreichung aller Ausgänge werden auch die Ausgänge wie Sackgassen behandelt. Als Besonderheit wird nur vor dem Rückzug aus diesen Sackgassen ein Weg-Protokoll ausgegeben.

- Beginnend an der Start-Stelle werden systematisch nacheinander (rekursiv auch an den Nachfolge-Stellen) alle Wegrichtungen ausprobiert. Erst nach der Rückkehr aus einer Wegrichtung darf die nächste Wegrichtung ausprobiert werden.

 - Erreicht man das Ende einer Sackgasse, so kehrt man zurück, indem man den Ariadne-Faden wieder einholt (backtracking), und so den Rückweg frei macht.

Da es nur Sackgassen gibt, befindet man sich zum Schluß wieder
an der Start-Stelle mit wiedereingeholtem Ariadne-Faden.

Bei einer Zeilenlänge Len2=9 startet BackTrack bei '+' in Zeile
6 und Spalte 4 in der U-förmigen "Insel" des Labyrinths, d.h. bei
Start=49. Ob eine Stelle i am Ende einer Zeile liegt, erkennen die
Prozeduren GetLab und PutLab an "i MOD Len2 = 0".

Die über bzw. unter der Stelle First liegende Stelle findet man
als First-Len2 bzw. First+Len2. Die links bzw. rechts von der
Stelle First liegende Stelle findet man als PRED(First) bzw. als
SUCC(First).

Das Syntaxdiagramm A.1 (variable) zeigt, daß außer den bisher
besprochenen einfachen Namen von Komponenten auch komplexere
Konstruktionen möglich sind, indem an die Stelle des "array variable identifier" nun Präfix-Gebilde treten, z.B.

```
Verbund.Reihung(.Index.)    (vgl. 6.2.1)
```

5.2 PACKED

Das reservierte Wortsymbol PACKED kann nach Syntax-Diagramm
A.1 (für type) stehen vor allen strukturierten Typen (type, Tab.1),
d.h. vor Vereinbarungen von

```
Reihung      (5.1), z.B.    PACKED ARRAY(.1..10.) OF REAL
String       (5.3), z.B.    PACKED ARRAY(.1..20.) OF CHAR
Potenzmenge  (5.4), z.B.    PACKED SET OF INTEGER
Verbund      (6.2), z.B.    PACKED RECORD
                                    Nummer:INTEGER;
                                    Konto :REAL
                            END
Datei        (8.1), z.B.    PACKED TEXT
```

und bedeutet "möglichst dicht gepackte Speicherung" der Werte. Die
ggf. zu erreichende Speicherersparnis erkauft man ggf. durch Ver-
lust an Laufzeit-Effizienz und Anwachsen des erzeugten Maschinen-
codes. Wichtig war PACKED eigentlich nur für nicht-Byte-adres-
sierbare Maschinen, bei denen ein CHAR zuweilen üppigerweise mehr
als 8 Bits belegte, was durch PACKED korrigiert werden konnte.

PACKED   kann bedeuten, daß Komponenten von Reihungen konsekutiv gespeichert werden. Für String (5.3) und für WRITE von String (1.10) ist PACKED obligatorisch. Prinzipiell ist ein PACKED type verschieden vom zugehörigen type, d.h. assignment (4.1) oder Parameterübergabe (7.2) zwischen diesen verschiedenen Typen ist unzulässig. Die Standard-Routinen

```
PACK(U,I,P)
UNPACK(P,U,I)
```

zum Konvertieren eines durch I angegebenen Ausschnitts des ungepackten ARRAY U in einen PACKED ARRAY P (im Fall PACK) und umgekehrt (im Fall UNPACK) sind im Anhang A.2.5.2 aufgelistet. Man beachte, daß hier über die Möglichkeit der PACKED-Konvertierung hinaus Reihungs-Ausschnitte (englisch slice) ermöglicht werden, die in Pascal sonst nicht direkt programmierbar sind (vgl. 5.1).

5.3 String

Ein string (deutsch Zeichenkette) der Länge 1 ist eine Konstante oder Variable vom Zeichentyp (CHAR, 1.3, ohne PACKED)

```
CHAR
```

und ein string der Länge $N>=2$ ist eine Konstante oder Variable vom Reihungstyp (String 1.9, PACKED 5.2)

```
PACKED ARRAY(.1..N.) OF CHAR
```

Wie man sieht, ist der "Typ String" in Pascal für verschiedene $N>=1$ verschieden definiert und hat keinen Typ-Bezeichner, anders als z.B. STRING(1..N) in Ada. Ohne die Vorbezeichnung PACKED ist ein ARRAY(.1..N.) OF CHAR kein "String" und auch nicht mit WRITE (1.9) ausgebbar. Den leeren String gibt es nicht in Pascal.

Zeichenkettenliterale, d.h. Konstanten vom "Typ String" werden gebildet durch Begrenzung des ihren Wert darstellenden Zeichens (N=1) oder Zeichenkette (N>1) in Apostroph. Ein Apostroph selbst als Zeichen muß in der Zeichenkette durch ein Apostroph-Paar angegeben werden, um es vom Schlußbegrenzer-Apostroph zu unterscheiden, z.B.

```
'A' , '1' , ' '
'Hallo' , 'String der ''Laenge'' 22'
```

Das User Manual von Jensen, Wirth (85) lehnt "...concatenation of strings, dynamic arrays..." als "...inefficient programming..." oder "...contrary to...good programming style..." ausdrücklich ab. Demgemäß gibt es in Pascal keinen Operator für String-Katenation und Indexgrenzen für "String" können nicht dynamisch, d.h. nicht mit einlesbaren Grenzen vereinbart werden. Zeigt sich hier der Meister in der Beschränkung? Ada bietet den leeren String "", String-Katenation a&b und als ALGOL-Familienmitglied auch dynamische Vereinbarung von Reihungen, d.h. auch von Strings.

5.4 Potenzmengentyp, Mengen-Aggregat

Ein Potenzmengentyp (englisch (power) set type) wird nach Syntaxdiagramm A.1 (für type) vereinbart in der Form

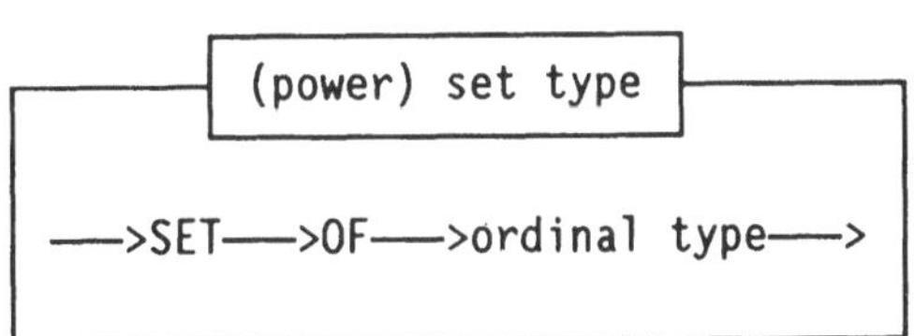

und zwar entweder in Typvereinbarungen (2.3), z.B. mit dem Aufzählungstyp LICHT (1.1)

```
TYPE LICHTPOTENZMENGE=SET OF LICHT
```

oder in Variablenvereinbarungen (2.4), z.B.

```
VAR LichtMenge:SET OF
    (Infrarot,Rot,Orange,Gelb,Gruen,Blau,Violett,Ultraviolett)
```

Im Unterschied zu Aufzählungstypen und Subtypen (4.1.1/2) sind die durch Potenzmengentypen vereinbarten Variablen selbst Mengen. Will man einer solchen (variablen) Menge einen Mengen-Wert zuweisen, so verwendet man ein Mengen-Aggregat.

Ein (Mengen-) Aggregat (englisch **aggregate**, in Pascal set constructor) ist nach Syntaxdiagramm A.1 (für factor) von der Form

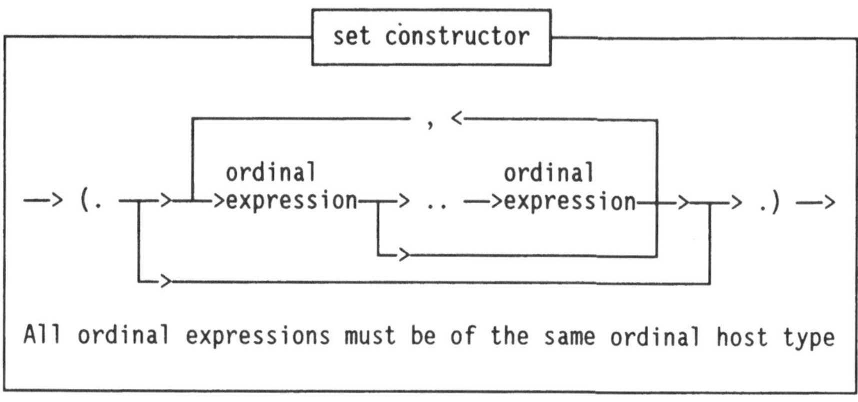

und als factor rechts in einer Wertzuweisung zulässig:

```
LichtMenge:=(.Infrarot..Orange,Blau,SUCC(Violett).)
```

Der Gesamtaufbau (.expression, expression, expression.) entspricht dem Aufzählungstyp (1.1), er kann auch leer sein, z.B. erhält man die leere Menge als

```
LichtMenge:=(..)
```

Die Form expression..expression entspricht dem Unterbereichstyp (1.1), wobei für Aggregate auch zugelassen wird, daß das linke Element der Ordnung nach größer ist als das rechte Element, was die leere Menge ergibt, z.B. äquivalent mit LichtMenge:=(..)

```
LichtMenge:=(.Orange..Infrarot.)
```

oder daß das linke Element gleich dem rechten Element ist, was die Einermenge ergibt, z.B. äquivalent mit LichtMenge:=(.Orange.)

```
LichtMenge:=(.Orange..Orange.)
```

Die Standard-Operationen =, <>, IN (Element enthalten in Menge), + (Vereinigung), - (Differenz), * (Durchschnitt) für Mengen sind im Anhang A.2.2/4 aufgeführt. Leider gibt es in Pascal, anders als in Ada, keine Standard-Funktionen zur Bestimmung des ersten Elements FIRST(M), des letzten Elements LAST(M) oder der Länge LENGTH(M) einer Menge und keine Ein/Ausgabeprozeduren für selbstdefinierte Mengenelemente und leider ist das Potenzmengenkonzept nicht mit dem Bereichskonzept (1.1.) kompatibel, z.B. ist in Pascal der Operator IN unverständlicherweise nicht direkt für Aufzählungstypen definiert.

Der Autor empfiehlt statt Potenzmengen die Verwendung der für Ein/Ausgabe komfortabler ausgestatteten vordefinierten Aufzählungstypen CHAR (1.2) und INTEGER (1.3) und die indirekte Verwendung von IN mit Hilfe eines Aggregats, z.B.

```
Buchstabe IN (.'A'..'Z'.)
Vokal     IN (.'A','E','I','O','U'.)
Konsonant IN (.'B'..'D','F'..'H','J'..'N','P'..'T','V'..'Z'.)
```

5.5 Testfragen

zu	Frage	abdeckbare Antwort
5.1	Sind bei zeilenweiser Ausgabe einer Matrix A(.x,y.) mit Zeilenvorsch. nach jeder Zeile, die Elemente der Matrix den Indizes x,y so zugeordnet wie in einer kartesischen Ebene, d.h. zählt x nach rechts, y nach oben?	nein, Matrixelement A(.x,y.) entspr. dem kartesischen Punkt (y,−x)
5.1	Sind Reihungs-Indizes stets vom Typ INTEGER ?	nein, ordinaler Typ z.B. auch CHAR
5.1	Sind Reihungs-Indizes vom Typ REAL zulässig, die dann (wie in ALGOL 60 , SIMULA und C) automatisch auf INTEGER gerundet werden?	nein, Rundung müßte explizit angegeben werden, vgl. 3.1.2
5.1	Es sei vereinbart VAR Feld,Wald:ARRAY(.1..3.) OF INTEGER Was ist im folgenden korrekt?	
1.10 4.1	READ(Feld(.1.));READ(Wald(.Feld(.1.).)) Feld:=Wald	alle

5.4 3	`Feld:=(.1,2,3.)` `IF   Feld =Wald THEN WRITE("Feld=Wald")`	keine
5.2	Sind die Standard-Prozeduren PACK, UNPACK für alle PACKED-Typen definiert?	nein, nur für Reihungstypen
5.3	Könnte der Typ STRING bel. Länge in Pascal vereinbart werden?	nein, arrays verschiedener Länge sind versch. Typs

5.3	Welche der folgenden sind korrekte String-Konstanten (welcher Wortlänge)?
	`''`
	`''''`
		
		nein
		ja, CHAR, Länge 1

5.4 1.1	Welche der folgenden sind korrekte Vereinbarungen (welche Potenzmenge) ?	

```
TYPE EINERMENGE =(ELEMENT)          alle:
TYPE UNALIBISII =(I,II)               Aufzählung
TYPE LOGISCH    =(NULL,WAHR)          Aufzählung
TYPE DIS=(D,I,S);JUNKT=(J,U,N,K,T)    Aufzählung
TYPE EINSBETRAG =-1..+1               Aufzählung
TYPE LOGISCH    =FALSE..TRUE          Unterbereich
TYPE POTENZMENGE=SET OF BOOLEAN       Unterbereich
                                      Potenzmenge

TYPE ONESET     =1..1               keine
TYPE DECIMAL1TO2=(1,2)
TYPE LOGICAL    =(ZERO,TRUE)
TYPE CON=(C,O,N);JUNCT=(J,U,N,C,T)
TYPE ONEABS     =+1..-1
TYPE LOGICAL    =TRUE..FALSE
TYPE POWERSET   =SET OF
                     SET OF BOOLEAN
```

5.4	Welche der folgenden sind korrekte Mengen-Aggregate und welchen Wert haben sie dann?	

```
(.1,1..1,+1..-1,SUCC(1)..PRED(1).)    alle
(.TRUE,FALSE.)                         (.1.)
(...)                                  (.FALSE,TRUE.)
                                       leere Menge

(.(..),,(Null,Oh,Falsch),0,0,FALSE.)  keine
(.WAHR,FALSE.)
(.'  '.)
```

6 ZEIGER UND VERBUND

Dem Programmierer erschließt sich durch Verwendung von

```
- Zeigertypen,    z.B.    TYPE ZEIGER  = ^VERBUND

- Verbundtypen,   z.B.    TYPE VERBUND = RECORD
                                  Object:INTEGER;
                                  Next  :ZEIGER
                          END

- Zeigern,        z.B.    VAR  Z1,Z2   : ZEIGER
```

ein neues Gebiet, das mathematisch der Relationen-Algebra (Relation, Diagramm, Baum, Verbund) und der Graphentheorie (gerichteter Graph), programmiertechnisch den Listen-Strukturen (LISP 1960) und in den Anwendungen hauptsächlich den Dokumentationssystemen (englisch information retrieval) bzw. Datenbanken (englisch data base) zugerechnet wird.

In Pascal können, ähnlich wie in PL/I, ALGOL_68 und Ada, nur Vereinbarungen, aber keine statements in die RECORD-Strukturen aufgenommen werden. Will man, wie in SIMULA mit class oder in Ada mit package möglich, Strukturen mit statements schaffen, so kann man sich nur mit Unterprogrammen behelfen (7.1).

6.1 ZEIGER (^ Symbol)

Man benutzt Zeigertechnik, um Baumstrukturen zu beschreiben und um aufwendige Kopiertechnik zu vermeiden.

Ein Zeiger-Zugriff wird intern realisiert durch eine Konstruktion aus zwei Speichern, wobei der erste Speicher die Adresse des zweiten Speichers zum Inhalt hat.

6.1.1 Zeigertyp, Allokation, Selektor

Ein Zeigertyp (englisch pointer type oder access type) wird nach Syntaxdiagramm A.1 (type) eingeführt durch Vorsetzung des Zeiger-Symbols ^ vor den Bezeichner des betreffenden Objekt-Typs (type), auf den gezeigt werden soll, z.B. (unten ZweiZeig)

```
                    TYPE ZEIGER=^REAL
```

Man kann in Pascal, anders als z.B. in Ada, Zeiger-Variablen auch direkt in der Variablenvereinbarung mit ^ vor dem Objekt-Typ, ohne vorherige Vereinbarung eines Zeigertyp-Namens vereinbaren (type, A.1), z.B.

```
                    VAR Z:^REAL
```

^ ist Ersatzdarstellung für "Pfeil nach oben" (0.3.1, A.1). Zur Deutung von Zeigern benutzen wir unsere schon für assignment statements im Abschnitt 4.1 eingeführte graphische Interpretation (H. Feldmann, ALGOL_68-Bulletin, Dec. 74).

```
(************************** ZweiZeig **************************)
(*          Zwei Zeiger zeigen auf das gleiche Objekt        *)
(*          Eingabe  ueber Z1  und  Ausgabe  ueber Z2        *)
(*          Sehr    ausfuehrlich   zur   Demonstration       *)
(************************************************************)

PROGRAM ZweiZeig(Input,Output);

   TYPE ZEIGER=^REAL;
   VAR                      Z1,                 Z2:ZEIGER;
   BEGIN
          NEW(Z1);                                      Z2:=Z1;
      (*                    `-,-'              `-,-'              *)
      (*                      !                  !                *)
      (* erzeugt und ;---`---,          ;---`---, erzeugt und    *)
      (*    Zugriff  ! 1  !             ! 2  !    Zugriff        *)
      (*    durch    !-------! a)  b) !-------!   durch           *)
      (* declaration ! 3 --+---, ;---+-- 3  ! declaration        *)
      (*  Z1:ZEIGER  !-------! ! !   !-------! Z2:ZEIGER          *)
      (*             ! ZEIGER! ! !   ! ZEIGER!                    *)
      (*             `-------';--+-+--,`-------'                  *)
      (*                      ! V V !                             *)
      (*                      ! 3 ! a) verknuepft durch          *)
      (*    erzeugt           !-------!    allocation NEW(Z1)     *)
      (*    durch             !       !                          *)
      (* allocation           !-------! b) verknuepft durch      *)
      (*    NEW(Z1)           ! REAL ! assignment Z2:=Z1         *)
      (*                      `---,---'                          *)
      (*    Zugriff durch        !          Zugriff durch        *)
      (*     selection  ;--------`--------,    selection         *)
      (*        Z1^      !                 !       Z2^           *)
      (*                ;-'-,          ;-'-,                      *)
      WRITE('Z1^:');READLN(Z1^);
      WRITE('Z2^=');                   WRITELN(Z2^:4:2)
   END(*ZweiZeig*).
```

Output	Input
Z1^:	3.14
Z2^= 3.14	

Im obenstehenden Einführungsbeispiel ZweiZeig für (zwei) Zeiger, Allokatoren und Selektoren verwenden wir der Einfachheit halber Zeiger-Zugriffe auf Objekte vom Typ REAL. In Pascal sind, ähnlich wie in C und Ada, Zeiger-Zugriffe auf Objekte beliebigen Typs möglich. In den Anwendungen kommen meist Zeiger-Zugriffe auf Objekte vom Verbundtyp vor.

Bei der Vereinbarung einer Zeigervariablen VAR Z1: ZEIGER wird zunächst nur der erste Speicher, noch ohne definierten Inhalt (undefined) neu geschaffen. Mit Hilfe der Allokation NEW(Z1) muß anschließend der zweite Speicher für den REAL-Wert in der Zeiger-Konstruktion für Z1 neu geschaffen werden. Den jeweils erforderlichen Typ, hier REAL, entnimmt die Allokation NEW der Typvereinbarung ihres Arguments, hier Argument Z1 vom Typ ZEIGER=^REAL.

Durch die Allokation NEW(Z1) wird zugleich die Adresse des neu geschaffenen Speichers, hier "3", in den obersten (!) Speicher von Z1 als Inhalt hineinkopiert. Anschließend wird durch das Assignment Z2:=Z1 der Inhalt des obersten (!) Speichers von Z1, hier die Adresse "3", in den obersten (!) Speicher von Z2 als Inhalt einkopiert.

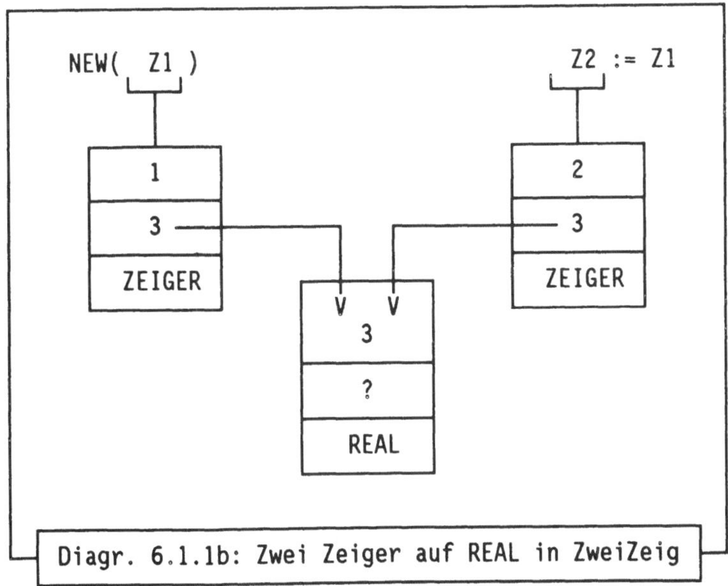

Diagr. 6.1.1b: Zwei Zeiger auf REAL in ZweiZeig

Jetzt zeigen beide Zeiger Z1, Z2 auf das gleiche REAL-Objekt.

Anders als in Ada, ähnlich wie in C, wird in Pascal der Inhalt eines neu geschaffenen Zeiger-Speichers nicht sofort mit der Adresse 0 der "Endstation" NIL initialisiert! Wünscht man dies, um bereits jetzt Abfragen Z1=NIL tätigen zu können (siehe unten BinSort, 6.2.1), dann müßte man die Wertzuweisung von NIL selbst vornehmen, z.B. Z1:=NIL. Für diese Wertzuweisung nimmt der Zeiger NIL wie ein Chamäleon den jeweils erforderlichen Typ an, hier den Typ ZEIGER.

Mit Hilfe des Selektors Z1^ (mit nachgestelltem ^ Symbol) hat man Zugriff auf das REAL-Objekt und kann darauf einen REAL-Wert einlesen, hier mit READ(Z1^), und anschließend den Wert ausdrucken, hier mit WRITELN(Z2^). Auch eine Wertzuweisung, z.B. Z1^:=3.14 oder ein Wert-Vergleich, z.B. Z1^=Z2^ ergibt TRUE, wäre möglich.

Ein Selektor "beraubt" demnach einen Zeiger seines ersten Speichers und schafft direkten Zugriff auf seinen zweiten Speicher, der quasi zum obersten Speicher wird. Dieser "Entverweisungs-Effekt" ist eine explizite Typ-Konvertierung. Normalerweise wird man Zeiger nur für Verbundtypen schaffen. Dann stünde als Selektor nach dem Entverweisungspfeil "^" noch ein Punkt "." und der Name der gewünschten Verbundkomponente. In unserem Beispiel ohne Verbundtyp und ohne Komponenten verwendet man nur den Entverweisungspfeil "^".

Die mit NEW erzeugten internen Objekte sind "unsterblich", da sie nicht wie andere interne Objekte nach Verlassen des nächsten sie umgebenden Vereinbarungsbereichs als Speicher freigegeben werden. Das hat entscheidende Vorteile für den Aufbau von Listen mit Hilfe von Zeigern und RECORDs, hat aber andererseits den Nachteil, daß "lebende Speicher-Leichen" entstehen können, falls alle ehemals auf ein namenloses NEW-Objekt zugreifenden Zeiger nicht mehr existieren.

Der Pascal-Compiler führt im allgemeinen keine automatische Speicherbereinigung (Entschrottung, englisch garbage collection) durch. Er kann aber vom Programmierer gezielt dazu aufgefordert werden mit Hilfe der Standard-Prozedur DISPOSE(P) zur Speicherfreigabe von P^, siehe A.2.5.1.

6.2 Verbund (RECORD)

Verbunde sind wie Reihungen (5) Objekte, die unter einem Namen eine Menge von Teilobjekten, die Komponenten des Verbunds, zusammenfassen.

Vorab eine Gegenüberstellung von Reihung und Verbund:

- Die Komponenten einer Reihung sind notwendigerweise alle
  vom gleichen Typ, die Komponenten eines Verbunds können
  verschiedenen Typs sein (allgemeinere Verwendbarkeit).

- Die Namen der Komponenten einer Reihung werden durch den
  Reihungsnamen und durch Indizes innerhalb von Indexgrenzen
  bestimmt, die Namen der Komponenten eines Verbunds durch den
  Verbundnamen und die Namen der Komponenten des Verbunds.
  Das schließt wegen des Namen-Schreibaufwands die Verwendung
  von Verbunden mit vielen Komponentennamen aus. Man verwendet
  statt dessen Verbunde mit wenig Komponenten und baut daraus
  rekursiv die gewünschte Baumstruktur auf. Auch werden nur
  wenige Zeiger benannt, z.B. ein Anfangszeiger, ein Endzeiger
  und ein freier Zeiger zum Durchsuchen des Verbunds.

- Die Identifikation von Reihungskomponenten ist erst dyna-
  misch zur Laufzeit durch Berechnung der Indizes möglich, die
  Identifikation von Verbundkomponenten bereits statisch zur
  Übersetzungszeit (kürzere Laufzeiten).

6.2.1 Verbundtyp, Komponente, Selektor

Eine Verbundtyp-Vereinbarung (englisch record type declaration)
ist nach Syntaxdiagramm A.1 (block, type, field list) von der Form

```
                 record type declaration
                        record type
       —>TYPE—>identifier—> = —>RECORD—>field list—>END—>
```

Die Liste der Komponenten (englisch component) des Verbunds ist
normalerweise, d.h. ohne Variantenteil (englisch variant part, s.
u.), mit der "field list" gleichzusetzen, z.B. folgender Verbundtyp KUNDE mit drei Komponenten Name, Anschrift und Konto:

```
TYPE KUNDE=RECORD
              Name,Anschrift:PACKED ARRAY(.1..30.) OF CHAR;
              Konto:REAL
           END(*RECORD*)
```

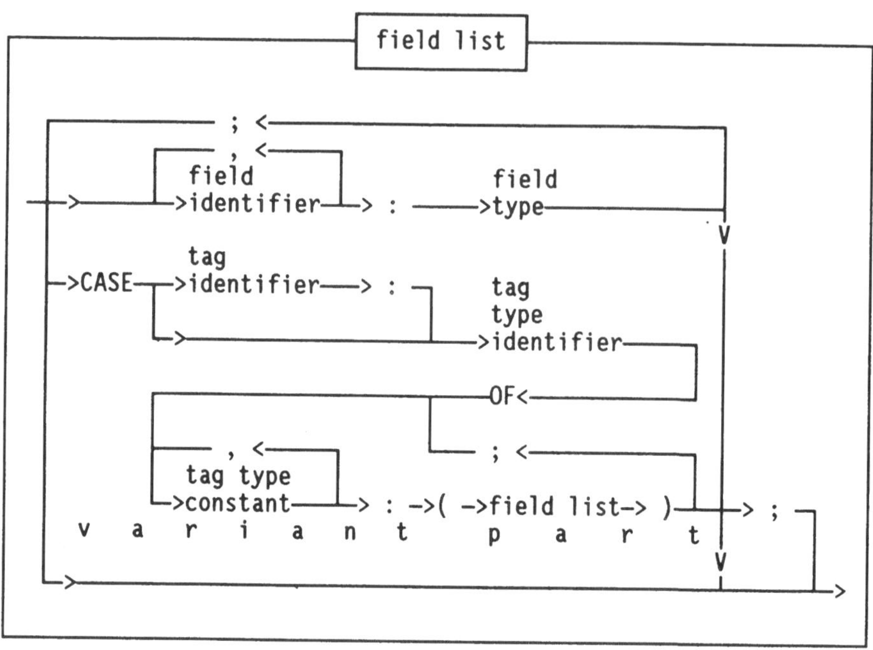

Enthält die "field list" aber einen Variantenteil, so entscheidet die darin vorkommende Diskriminante (englisch tag) darüber,
ob ein bestimmtes "field" eine Komponente des Verbunds ist.
   Z.B. entscheidet im folgenden Verbundtyp ADRESSE die Diskriminante Telefon mit Ihrem Wert TRUE oder FALSE darüber, ob entweder Nummer oder Anschrift eine Komponente von   ADDRESSE ist.
Auf jeden Fall ist Name eine Komponente von ADDRESSE.

```
TYPE ADRESSE=
  RECORD
          Name:        PACKED ARRAY(.1..30.)OF CHAR ;
  CASE Telefon:        BOOLEAN                OF
    TRUE: (Nummer:     INTEGER                    );
    FALSE:(Anschrift:PACKED ARRAY(.1..30.)OF CHAR)
  END (*RECORD*)
```

Im Unterschied zu nicht-varianten Komponenten, z.B. Name, die
alle einen eigenen Speicher besitzen, können sich die Speicher von
varianten Komponenten überlappen, d.h. es kann nur jeweils eine
dieser Komponenten zur Zeit gespeichert werden, z.B. entweder Nummer oder Anschrift.

Eine Verbundtyp-Vereinbarung wirkt stets wie eine Variablenvereinbarung für alle Verbund-Komponenten. Um eine Inkarnation eines

Verbundtyps zu erzeugen, muß eine Variable dieses Typs vereinbart
werden. Um z.B. eine Variable K vom Verbundtyp KUNDE zu schaffen, vereinbart man

```
...VAR K:KUNDE;
   BEGIN
     K.Name      :='Puvogel, Erna                 ';
     K.Anschrift:='Seilerstr. 14, 2000 Hamburg 4 ';
     K.Konto     :=154.25;...
```

Wie dieses einfache Beispiel zeigt, wird eine Komponente (englisch component, syntaktisch field) einer Verbundvariablen vereinfacht nach Syntaxdiagramm A.1 (für .variable) aufgerufen in der
Form

```
  ┌────────────────────────────────────┐
┌─┤    field variable  (vereinfacht)    ├─┐
│ └────────────────────────────────────┘ │
│        record                           │
│        variable            field        │
│    —>identifier—> . —>identifier—>      │
└─────────────────────────────────────────┘
```

d.h. mit Hilfe des Verbundnamens, nachgesetztem Selektorpunkt '.'
und anschließendem Komponentennamen.

Für eine Zeigervariable Z auf KUNDE benötigt man ggf. noch einen Allokator NEW(Z) (vgl. 6.1.1) z.B.

```
... VAR Z:^KUNDE;
    BEGIN
       NEW(Z);
       Z^.Name      :='Puvogel, Erna                  ';
       Z^.Anschrift:='Seilerstr. 17, 2000 Hamburg 36';
       Z^.Konto     :=654.25;...
```

Verbundtypen fallen etwas aus dem Konzept der "Bereichsschachtelung" (7.7) heraus, da ihre Komponenten lokal im Verbund vereinbart und dennoch außerhalb des Verbunds unter Zuhilfenahme des
Verbundtyp-Variablennamens aufrufbar sind. Außerhalb der Verbundtyp-Vereinbarung dürfen andere Größen mit gleichen Namen wie die
Komponenten des Verbunds vereinbart sein.

Im nachfolgenden Beispiel BinSort wird eine beliebig lange Reihe
von Worten der Wortlänge n=4 eingelesen (GetT), bis zum Erreichen
des Terminator-Worts '####'. Mit den eingelesenen Worten wird ein

geordneter binärer Baum T schrittweise aufgebaut (Grow) und dann die Worte ordnungstreu aus dem Baum abgelesen und ausgegeben (Traversieren).

```
(*************************** BinSort ***************************)
(*     Bin-Sort  :   Williams 1964 , Ordnen durch  Aufbau und  *)
(*    (Heap-Sort)    Traversieren eines geordneten bin.  Baums  *)
(*                   Speicher: Fuer jeden STRINGn ein  Verbund  *)
(**************************************************************)

PROGRAM BinSort(Input,Output);

   CONST n       =                    4;
   TYPE  STRINGn=PACKED ARRAY(.1..n.)OF CHAR;    (*** T:atTREE ***)
      atTREE    =^Tree;                          (*       ;-T1->    *)
         TREE   =RECORD                          (*       !         *)
                   Knot :STRINGn;                (*    ->Knot       *)
                   T1,T2:atTREE                  (*       !         *)
                   END(*RECORD*);                (*       `-T2->    *)
   VAR    T      :atTREE;                         (***************)

   PROCEDURE BinT;
      LABEL 0(*EXIT*);
      VAR   Terminator,S:STRINGn;
            C           :1..n;
      PROCEDURE Grow(VAR T:atTREE);
         BEGIN
            IF T=NIL THEN BEGIN NEW(T);WITH T^ DO
               BEGIN Knot:=S;T1:=NIL;T2:=NIL END(*WITH*) END(*IF*)
            ELSE WITH T^ DO IF S<Knot THEN Grow(T1)
                                      ELSE Grow(T2)
         END(*Grow*);
      BEGIN
         T:=NIL;
         FOR C:=1 TO n DO Terminator(.C.):='#';
         WHILE TRUE DO BEGIN
            WRITE('Terminator ', Terminator,' oder STRING',n,':');
            FOR C:=1 TO n DO READ(S(.C.));READLN;
            IF S=Terminator THEN GOTO 0;
            Grow(T)
         END(*WHILE*);0:
      END(*BinT*);

   PROCEDURE Trav(T:atTREE);
      BEGIN
         IF T<>NIL THEN WITH T^ DO BEGIN
            Trav(T1);WRITELN(Knot);Trav(T2);DISPOSE(T);
         END(*IF*)
      END(*Trav*);

   BEGIN BinT;Trav(T);END(*BinSort*).
```

Output	Input	Output (Fortsetzung)
Terminator #### oder STRING4:	Ford	190E
Terminator #### oder STRING4:	AUDI	AUDI
Terminator #### oder STRING4:	BMW5	BMW5
Terminator #### oder STRING4:	190E	Ford
Terminator #### oder STRING4:	Opel	Golf
Terminator #### oder STRING4:	Golf	Opel
Terminator #### oder STRING4:	####	

BinSort enthält einen rekursiven RECORD-Typ TREE. Der elementare Baum TREE besteht aus einem STRINGn-Knoten und zwei Zeigern auf andere elementare Bäume. TREE beschreibt demnach einen binären Baum. Denkt man sich den Baum waagerecht nach rechts wachsend, so wächst immer das kleinere Wort am oberen Ast T1 und das größer oder gleichgroße Wort am unteren Ast T2 an, d.h. der binäre Baum ist bereits geordnet und braucht nur noch von oben nach unten abgelesen zu werden.

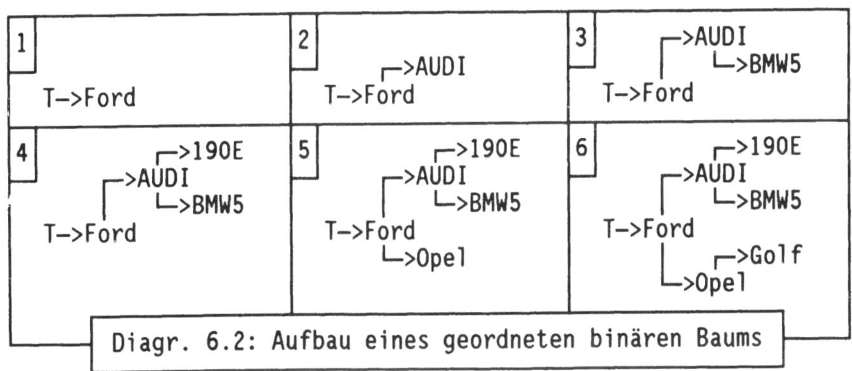

Diagr. 6.2: Aufbau eines geordneten binären Baums

Der Zeiger T zeigt am Beginn auf den leeren Baum NIL.

Danach wächst jeweils ein STRINGn S als neuer Knoten an den Baum T mit Grow(T). S ist globaler Parameter für Grow. Grow untersucht durch "IF T=NIL...", ob der jeweils zu bearbeitende Teilbaum noch NIL ist, dann wird ein neuer Teilbaum mit NEW(T) alloziert und seinem Knoten der Wert des neu eingelesenen S zugewiesen; sonst wird je nach S<Knot der erste Zweig mit Grow(T1) oder der zweite Zweig mit Grow(T2) rekursiv weiterverfolgt, was ebenfalls, über ggf. mehrere rekursive Stationen, zu einem Wachstum NEW(T) des Baums durch Zuweisung des eingelesenen S führt.

Wie Diagr. 6.2 zeigt, sind die Knoten dann bereits richtig geordnet und müssen nur noch "travers", d.h. hier zeilenweise von oben nach unten, rekursiv mit Trav(T) ausgedruckt werden: zuerst rekursiv mit Trav der (obere) erste Zweig, dann mit WRITE der Knoten und dann rekursiv mit Trav der (untere) zweite Zweig.

Unser Programmbeispiel weist sowohl "Unterprogramm-Rekursion" in Grow und Trav, als auch "Typ-Rekursion" in atTREE und TREE auf.

Für die indirekte rekursive Vereinbarung von Typen, z, B. enthält atTREE den Typ TREE und TREE den Typ atTREE, ist in Pascal keine FORWARD Typ-Spezifikation vorgesehen, anders als in Ada und anders als in Pascal selbst bei der FORWARD Unterprogramm-Spezifikation (7.1.1). Daher müßte die Reihenfolge der Vereinbarungen von atTREE und TREE beliebig sein. Da dies aber viele existierende Compiler "nicht wissen", setzen wir sicherheitshalber die Typvereinbarung von atTREE vor die Typvereinbarung von TREE, weil die existierenden Compiler überraschenderweise alle "wissen", daß auf einen noch nicht vereinbarten Typ TREE immerhin schon mit TYPE atTREE=^TREE gezeigt werden darf.

Da "Bin-Sort" jedes der m Elemente mit Grow in den binären Baum einfügt, und ein normaler binärer Baum die Tiefe log2(m) aufweist, benötigt "Bin-Sort" größenordnungsmäßig m*log2(m) Vergleiche, ebenso wie die anderen bekannten Binär-Verfahren (siehe Vergleich der Sortierverfahren bei "Shell-Sort", 4.5.1).

"Listen" sind bekannte Anwendungen für Zeiger und Verbunde, zum Beispiel Führung einer Vereinsliste mit Zugängen, Abgängen und Ausdruck. Für langfristige Datenhaltung hält man Listen auf Text-Dateien (8), im Beispiel BinSort ist Input eine solche (temporäre) Text-Datei. Soll die Liste aktualisert werden, so wird sie aus ihr mit BinT ein binärer Baum in der gewünschten Ordnung erzeugt. Grow ermöglicht den Zugang eines Elements mit nur log2(m) Verglei-chen. Für den Abgang eines Elements kann man eine zusätzliche Kom-ponente MarkBit in den Verbund aufnehmen, MarkBit mit TRUE vorbe-setzen und eine Prozedur Mark schreiben, die mit nur log2(m) Ver-gleichen das MarkBit des betreffenden Elements auf FALSE setzt. Die Liste der verbleibenden, mit TRUE markierten Elemente wird mit Trav ausgedruckt oder wieder auf eine Text-Datei ausgegeben, im Beispiel BinSort ist Output eine solche (temporäre) Text-Datei. Große Listen, deren binärer Baum nicht in den Arbeitsspeicher der Maschine passen würde, puffert man in Teil-Dateien oder in Rei-hungen aus Zeichentext (8).

Für das Austesten von Bäumen und Listen sollte man immer eine Plot-Prozedur rechtzeitig bereitstellen. Ohne Druckprozedur führt "Schlüsselloch-Programmieren" von komplizierten Verbund-Strukturen nicht zu Erfolgserlebnissen. Wie der Leser durch Vergleich mit den Ada oder C Lehrbüchern des Autors feststellen kann, sind in diesen Sprachen leicht Printplot-Prozeduren für wachsende Baumstrukturen (z.B. das Diagr. 6.2) mit Hilfe von String-Katenation zu program-mieren. In Pascal gibt es leider keine String-Katenation (5.3).

Das Syntaxdiagramm A.1 (für variable) zeigt, daß außer den bisher besprochenen einfachen Namen von Komponenten eines Verbunds auch komplexere Konstruktionen möglich sind, indem an die Stelle des "record variable identifier" nun Präfix-Gebilde treten, z.B.

```
VerbundReihung(.Index.).Komponente    (vgl. 5.1)
```

Will man einer Variablen vom Verbundtyp einen Wert zuweisen, so kann dies nur komponentenweise geschehen, da es in Pascal, anders als in Ada und C, analog zu den Mengen-Aggregaten (5.4) leider keine Verbund-Aggregate gibt.

6.2.2 Namensabkürzung für Komponenten (WITH)

Eine WITH-Anweisung (englisch with statement) ist nach Syntaxdiagramm A.1 (für statement) von der Form

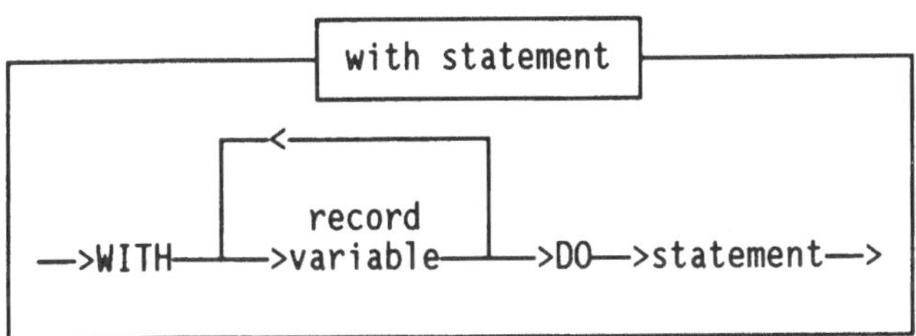

und bedeutet Namensabkürzung beim Aufruf von Verbund-Komponenten durch Voreinstellung des Verbundvariablen-Namens mit ggf. nachfolgendem Entverweisungspfeil ^ und des Selektorpunkts.

Z.B. wird in BinSort (6.2.1) T^.Knot zu Knot wie folgt abgekürzt:

```
WITH T^ DO WRITE(Knot)
```

Die Abkürzung lohnt sich erst für ein (compound) statement, das mehrere Komponentenaufrufe der Verbundvariablen enthält. Auf Verbundvariablen-Zeiger, die noch undefined oder NIL sind, darf WITH nicht angewandt werden.

6.3 Testfragen

zu	Frage	abdeckbare Antwort

6.1	Sind Zeiger auf Zeiger konstruierbar, d.h. Zeiger der Stufe 2 (und höher)?	ja, z.B. TYPE
		    atREAL=^ REAL;
		    atatREAL=^atREAL;

6.1	Unter Bezug auf die vorige Antwort: Wieviel interne Speicherobjekte sind nach Vereinbarung von VAR ZeigerStufe2:atatREAL für ZeigerStufe2 bereits geschaffen	eins,
	und wieviele müssen noch mit NEW (oder per Assignment auf bereits vorhandene Objekte) alloziert werden?	zwei
6.1	Welche Stufe (Anzahl der Verweise) hat der folgende Pointer? TYPE atREAL:^REAL;VAR Pointer:^atREAL	2
6.1 6.2	Verweist jeder ACCESS-Zeiger auf einen RECORD-Verbund?	nein, vgl. ZweiZeig
6.1 6.2.1	Ist jede RECORD-Komponente ein ACCESS-Zeiger?	nein, vgl. Knot in BinSort
6.2	Ein Programm beginnt mit PROGRAM SpeicherInhalt(Input); VAR Z:^REAL; Welches ist ein korrekter Abschluß? BEGIN READ(Z^);WRITELN(Z^)END. BEGIN NEW(Z);WRITELN(Z^)END. BEGIN NEW(Z^); READ(Z)END. BEGIN NEW(Z); READ(Z^)END.	 nein, kein Speicher nein, kein Inhalt nein, falsche Par. ja, kein Ausdruck

6.2 Welche der folgenden sind korrekte (im Rechner darstellbare) Verbunde?

```
TYPE          T=RECORD R:REAL          END     ja
TYPE atT=^T;T=RECORD R:REAL;S:atT END          ja

TYPE          T=RECORD          S:  T END      nein, unendlich
TYPE          T=RECORD R:REAL;S:  T END        nein, unendlich
```

6.2 Vereinbare einen Verbund für kom-komplexe Zahlen.

```
TYPE COMPLEX=RECORD
     Re,Im:REAL END
```

6.2.1 Kann man Operationen + - * / mit in den Verbund COMPLEX (als Komponenten) aufnehmen?

nein, außerhalb von COMPLEX als Funktionen schreiben

7 UNTERPROGRAMME

Bei Unterprogrammen unterscheidet man

a) Funktionen (und standardmäßig vorvereinbarte Operationen)
die stets einen Resultat-Typ besitzen, vereinbart werden als

```
                                    result
                  function          type
        FUNCTION identifier( ... ) : identifier
```

und aufgerufen werden in einem Ausdruck, d.h. einen
Wert (value) berechnen, z.B.

```
        SIN(X)    ,    X+Y
```

b) Prozeduren,
die keinen Resultat-Typ besitzen, vereinbart werden als

```
              procedure
        PROCEDURE identifier( ... )
```

und aufgerufen werden als Anweisung im Programm, d.h. eine
Tätigkeit (action) ausführen, z.B.

```
        ...WRITE(X);...
```

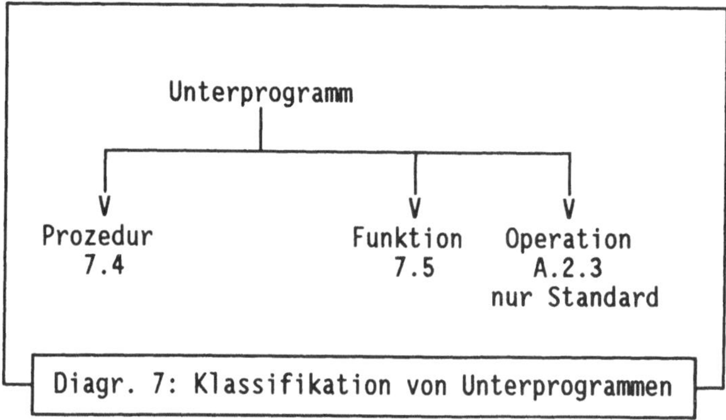

Diagr. 7: Klassifikation von Unterprogrammen

In Pascal kann der Programmierer, anders als z.B. in Ada, keine eigenen Operatoren vereinbaren, ist also auf die vorhandenen Standard-Operationen (siehe A.2.3) angewiesen.

Ohne Unterprogrammtechnik sind umfangreiche Probleme, die in Gemeinschaftsarbeit bewältigt werden müssen, kaum lösbar.

7.1 Unterprogramm-Technik

Ein Unterprogramm wird vereinbart durch eine Unterprogramm-Vereinbarung (7.1.1). Vorausgehen kann eine bei indirekter Unterprogramm-Rekursion (siehe nachfolgendes Programm IndRekur) erforderliche FORWARD-Spezifikation (7.1.1).

Zu einem (genau) einmal vereinbarten Unterprogramm kann es mehrere Unterprogramm-Aufrufe (7.1.2) geben. Unterprogramme werden aufgerufen, indem vom Ort des Aufrufs zum Ort der Vereinbarung gesprungen wird, nachdem vorher die aktuellen Parameter und die Rücksprungadresse übergeben worden sind.

Nach Abarbeitung des Unterprogramms wird (ggf. der Resultatwert der Funktion rückübergeben und) an den Ort des Aufrufs (Rücksprungadresse) zurückgesprungen.

```
(************************** UpAufruf **************************)
(*              Unterprogramm-Aufruf wird implementiert       *)
(*      als An/Rueck-Sprung (call) und nicht als Kopie (copy) *)
(*              Sehr ausführlich zur Demonstration            *)
(*************************************************************)
PROGRAM UpAufruf(Output);

   TYPE STRING4=PACKED ARRAY(.1..4.) OF CHAR;
   VAR          Implementiert:STRING4;

   PROCEDURE Sub;
      BEGIN
         WRITELN(Implementiert);
      END(*Sub*);

   PROCEDURE Main;
      VAR       Implementiert:STRING4;
      BEGIN     Implementiert:='copy';
         Sub;
      END(*Main*);

BEGIN            Implementiert:='call';
   Main
END(*UpAufruf*).
```

```
| Output
|————————
|call
```

Das obenstehende Programm UpAufruf erbringt den experimentellen Nachweis dafür, daß tatsächlich vom Ort des Unterprogramm-Aufrufs zum Ort der Unterprogramm-Vereinbarung und zurück gesprungen wird, und nicht etwa der Text der Unterprogramm-Vereinbarung an den Ort des Unterprogramm-Aufrufs hin kopiert wird.

Die Probe aufs Exempel hat gezeigt, daß das Unterprogramm Sub nicht in den Block von Main an den Ort des Aufrufs hin kopiert wird, wo über den dort vereinbarten lokalen Parameter Implementiert "copy" hätte ausgedruckt werden müssen, sondern daß Sub außerhalb von Main am Ort der externen Vereinbarung verbleibt, wo über den dort vereinbarten globalen Parameter Implementiert "call" ausgedruckt wird.

7.1.1 Unterprogramm-Vereinbarung

Eine Unterprogrammm-Vereinbarung (englisch subprogram declaration) oder eine FORWARD-Spezifikation (englisch forward specification), erkenntlich an der FORWARD directive, ist nach Syntaxdiagramm A.1 (block, formal parameter, directive) von der Form

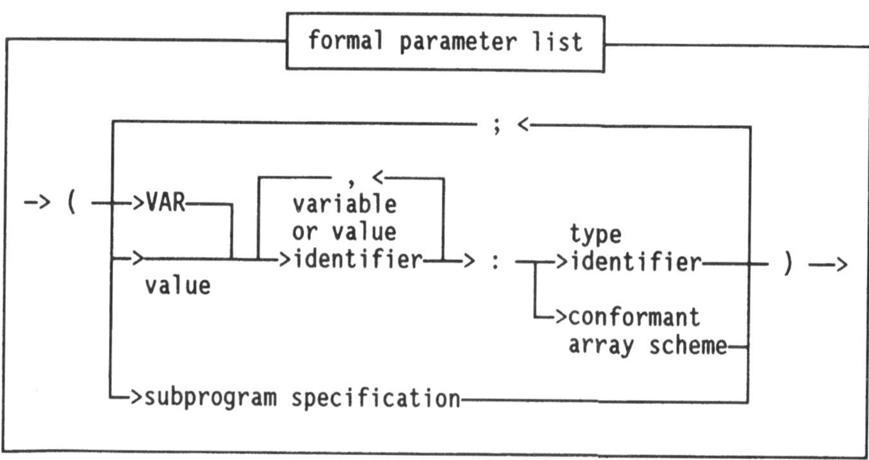

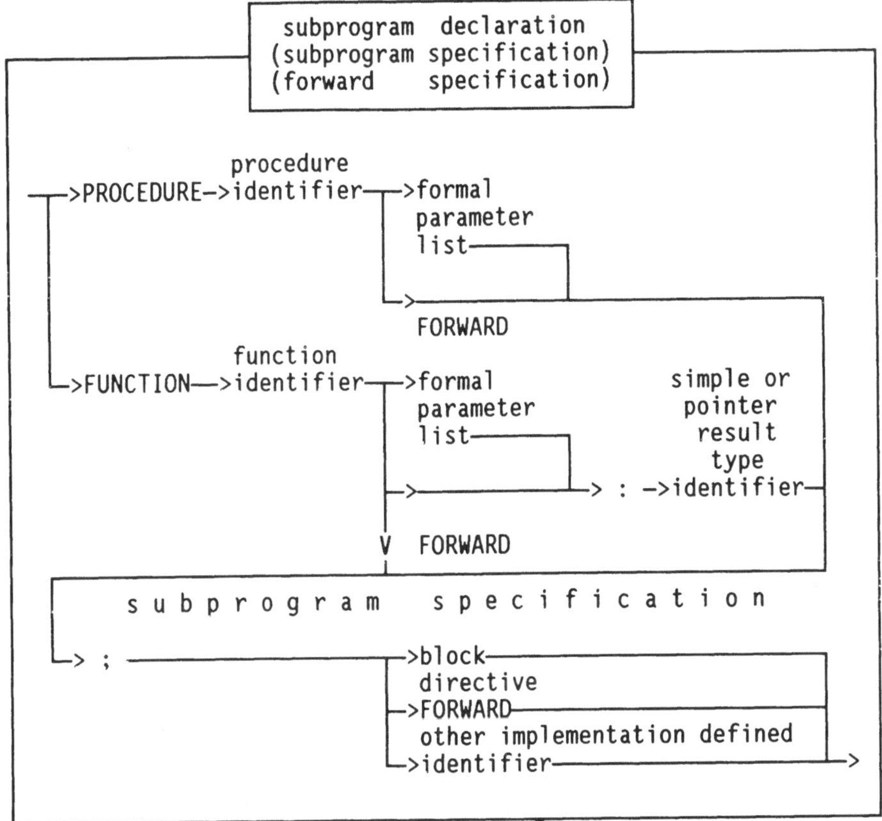

z.B.

```
PROCEDURE Druck3;
    CONST N=3;
    BEGIN WRITELN(N);END

FUNCTION Faktor(Prozent:REAL):REAL;
    BEGIN Faktor:=1+Prozent/100 END
```

7.1.2 Unterprogramm-Aufruf, Rekursion

Ein Unterprogramm-Aufruf (englisch subprogram call, im einzelnen function/procedure call) ist nach Syntyxdiagramm A.1 (factor,
statement) von der Form

```
                    ┌─────────────────────┐
          ┌─────────┤   subprogram call   ├──────────┐
          │         └─────────────────────┘          │
          │     function                             │
          │        or                                │
          │     procedure                            │
          └──>identifier──┬──>actual parameter list──┐
                          │                          │
                          └──>──────────────────────────>
```

z.B.

```
Faktor(14.0)    ergibt 1.14     (vgl. Faktor 7.1.1)
Druck3          druckt  3       (vgl. Druck3 7.1.1)
```

Mehrfache Unterprogrammaufrufe sind ökonomisch, da stets nur ein Exemplar des Unterprogrammtextes vom Compiler vorgehalten wird. Lediglich die jeweiligen aktuellen Parameter und Sprung-adressen werden in einem Gedächtnis gekellert. Mit Hilfe dieses Keller-Gedächtnisses für die jeweilige Unterprogramm-"Inkarnation" ist auch rekursiver Unterprogramm-Aufruf möglich.

Das Skript enthält viele Beispiele für direkt rekursive Unter-programme, etwa das Einführungsbeispiel TowHanoi (0.2.2) oder das Backtracking-Beispiel Labyrint(h) (5.1). Neben direkter Rekursion ist auch indirekte Rekursion möglich, wenn sich zwei Unterprogram-me gegenseitig aufrufen, wie im nachfolgenden Beispiel IndRekur die beiden Unterprogramme Lore und Ley.

In Pascal muß einem Unterprogramm-Aufruf, hier Ley(C), stets ei-ne FORWARD-Spezifikation vorausgehen, hier

```
PROCEDURE Ley(C:CHAR);FORWARD;
```

wenn statisch noch keine Unterprogramm-Vereinbarung vorausging. Die zugehörige Unterprogramm-Vereinbarung, jedoch ohne formale Pa-rameterliste und ohne Funktions-Ergebnistyp, folgt danach, vor dem dynamischen Start, hier

```
PROCEDURE Ley;BEGIN IF C<>'?' THEN WRITE(C) ELSE Lore(C) END;
```

PL/I- und Ada-Programmierer sind mit derartigen FORWARD-Spezifikationen vertraut. ALGOL_60/68- und SIMULA-Programmie-rer müssen sich erst an diese redundanten Vereinbarungen gewöhnen. Zweck der Übung ist die Unterstützung des Compilers, der den Quelltext möglichst in einem Lesevorgang (one pass) übersetzen soll.

```
(************************* IndRekur ***************************)
(*    Sich gegenseitig aufrufende Unterprogramme Lore und Ley,  *)
(*                  d.h. indirekte Rekursion.                   *)
(*            Zur Demonstration der FORWARD-Spezifikation       *)
(**************************************************************)

PROGRAM IndRekur(Input,Output);

   VAR C:CHAR;

   PROCEDURE Ley(C:CHAR);FORWARD;          (*FORWARD-Spezifikation*)

   PROCEDURE Lore(C:CHAR);
      BEGIN IF C = '?'THEN WRITE(C) ELSE Ley (C) END(*Lore*);

   PROCEDURE Ley          ;          (*Unterprogramm-Vereinbarung*)
      BEGIN IF C<>'?' THEN WRITE(C) ELSE Lore(C) END(*Ley *);

BEGIN WHILE NOT EoLN DO
   BEGIN READ(C);Lore(C);Ley(C) END;WRITELN          (*Start*)
END(*IndRekur*).
```

Input	Output
Was soll es bedeuten?	WWaass ssoollll eess bbeeddeeuutteenn??

Inkonsequenterweise gibt es in Pascal keine analoge FORWARD-Spezifikation für indirekt rekursive Typvereinbarungen, wie z.B. in Ada. Man kann z.B. die indirekt rekursiven Typen atTREE und TREE im Beispiel BinSort (6.2.1) vereinbaren, ohne den Typ TREE vorher mit FORWARD spezifiziert zu haben.

Direkt-rekursiver Unterprogramm-Aufruf erfordert keine vorherige FORWARD-Spezifikation, da der Unterprogramm-Kopf dem Unter-Unterprogramm-Aufruf vorausgegangen ist.

In modernen Compilern ist die Parameterübergabe so effizient implementiert, daß Iteration mit nicht allzu vielen Schritten rekursiv (per Unterprogramm) laufzeit-günstiger programmiert werden kann als repetiv (per FOR Schleife).

7.2 Parameterübergabe

Die Parameter einer Unterprogramm-Vereinbarung nennt man "formale Parameter". Die Parameter eines Unterprogramm-Aufrufs nennt man "aktuelle Parameter". Formale und aktuelle Parameter eines Unterprogramms müssen im Parametertyp zueinander passen, brauchen jedoch nicht im Namen übereinzustimmen.

Formale Parameter von Unterprogrammen sind lokal innerhalb des
Unterprogramms vereinbart. In Pascal gibt es Wert-Parameter
(7.2.1), VAR-Parameter (7.2.2) und Unterprogramm-Parameter
(7.2.3). Wert- und VAR-Parameter sind Variablen, Unterprogramm-
Parameter sind Unterprogramme im Unterprogramm.

Die Spezifikation eines formalen Parameters (englisch parameter
specification) geschieht in der formalen Parameterliste (englisch
formal parameter list), siehe oben Syntaxdiagramm in 7.1.1, z.B.

```
        Wert-Parameter:                I:INTEGER
         VAR-Parameter:        VAR     R:REAL
Unterprogramm-Parameter:        FUNCTION F(X:REAL):INTEGER
```

Die Assoziation eines aktuellen Parameters (englisch parameter
association) geschieht nach Syntaxdiagramm A.1 (primary und simple
statement) in der aktuellen Parameterliste (englisch actual parameter list) in der Form

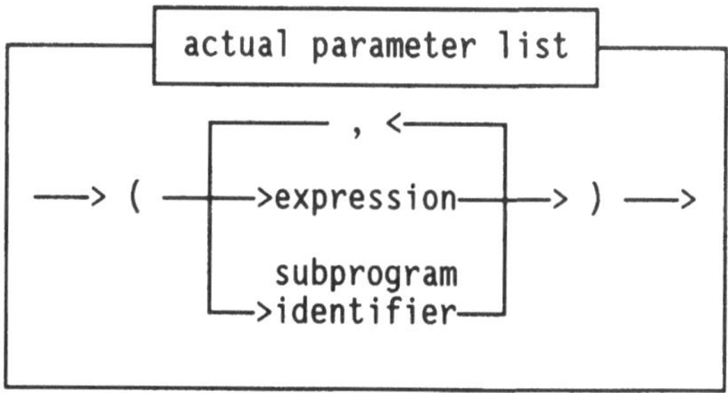

z.B.

```
        Wert-Parameter:        2.72+3.14*W
         VAR-Parameter:        Y
Unterprogramm-Parameter:        TRUNC
```

7.2.1 Wert-Parameter (value parameter)

Parameterübergabe per Wert-Parameter (englisch value parameter)
d.h. Übergabe der Werte der aktuellen Parameter an die entsprechenden formalen Parameter beim Unterprogramm-Aufruf per Wert-
Kopie, erreicht man ohne Vorbezeichner für diese Parameter in der
formalen Parameterliste ("VALUE" Vorbezeichner gibt es nicht). Der

Typ des aktuellen und des entsprechenden formalen Parameters müssen assignment-kompatibel sein (siehe Assignment Statement, 4.1).

Mit Wert-Parametern ist nur Eingabe über den formalen Parameter möglich. Die zugehörigen aktuellen Parameter sind vor Überschreibung durch das Unterprogramm geschützt.

Im nachfolgenden Programm Euklid sind die als aktuelle Parameter eingesetzten Variablen X,Y vor Überschreiben geschützt.

```
(*************************** Euklid ***************************)
(*    Groesster gemeinsamer Teiler GGT zweier positiver Zahlen,   *)
(*    deren Werte erhalten bleiben sollen  (Euklid 3.Jh.v.Chr.)   *)
(*         Zur Demonstration der Wert-Parameter-Uebergabe          *)
(****************************************************************)
PROGRAM Euklid(Input,Output);
  TYPE POSITIVE=1..MAXINT;
  VAR  X,Y:POSITIVE;

  FUNCTION GGT(A,B:POSITIVE):POSITIVE;            (*Wert-Parameter*)
    BEGIN
       WHILE A<>B DO IF A>B THEN A:=A-B ELSE B:=B-A;
       GGT:=A
    END(*GGT*);

BEGIN
    WRITE('X Y POSITIVE:');READLN(X,Y);
    WRITELN(GGT(X,Y),'=GGT(',X,',',Y,')');
END(*Euklid*).
```

Output	Input
X Y POSITIVE:	66 385
11=GGT(66,385)	

Der größte gemeinsame Teiler zweier positiver Zahlen A, B wird nach dem bekannten Reduktionsverfahren von Euklid (3. Jh. v. Chr.) durch forlaufende Subtraktion bestimmt:

"Da jeder Teiler von A,B auch Teiler von A-B und B-A ist, reduziert man das Problem im Falle A>B auf die Bestimmung des größten gemeinsamen Teilers von A-B,B und im Falle von B>A auf die Bestimmung des größten gemeinsamen Teilers von A, B-A. Gilt für das neue Zahlenpaar A=B, so ist A oder B der gesuchte größte gemeinsame Teiler, sonst wird weiter reduziert. Bei jeder Reduktion nähern sich die beiden Zahlen A,B um mindestens 1. Da der Abstand von A zu B endlich ist, führt die Reduktion nach endlich vielen Schritten zum Ziel A=B."

7.2.2 Variablen-Parameter (variable parameter)

Ausgabe (und Eingabe) über formale Parameter von Unterprogrammen
ist möglich mit Variablen-Technik.

Parameterübergabe per Variablen-Parameter (englisch variable
parameter), d.h. Übergabe des Namens des aktuellen Parameters an
den entsprechenden formalen Parameter beim Unterprogramm-Aufruf
und damit Zugriff des formalen Parameters direkt (ohne Wertkopie)
auf den Wert der aktuellen Variablen, erreicht man durch den Vorbezeichner VAR für diesen Parameter in der formalen Parameterliste. Auch Funktionen dürfen in Pascal, anders als Ada, Variablen-
Parameter besitzen. Ausgabe über formale Parameter einer Funktion
macht diese zur "Funktion mit Seiteneffekten".

Es folgt ein einfaches Beispiel Tausch. Ein anspruchsvolleres
Beispiel wäre Grow in BinSort (6.2.1).

```
(*************************** Tausch ****************************)
(*           Tausch der Werte zweier REAL-Variablen           *)
(*        Zur Demonstration der Variablen-Parameteruebergabe  *)
(**************************************************************)
PROGRAM Tausch(Input,Output);
   VAR X,Y:REAL;

   PROCEDURE Change(VAR A,B:REAL);              (*Variablen-Parameter*)
      VAR R:REAL;
      BEGIN
         R:=A;A:=B;B:=R
      END(*Change*);

   BEGIN
      WRITE('X Y REAL:');READLN(X,Y);
      Change(X,Y);
      WRITELN(X:1:2,' ',Y:1:2)
   END(*Tausch*).
```

Output	Input
X Y REAL: 2.72 3.14	3.14 2.72

Da die formalen Parameter A, B sowohl Eingabe- als auch Ausga-
beparameter sein sollen (ohne Eingabe könnte man die Werte der
'aktuellen' Objekte X, Y nicht in das Unterprogramm Change ein-

bringen und ohne Ausgabe könnte man die vertauschten 'Werte' der formalen Parameter A, B nicht an die 'aktuellen' Objekte X, Y zurückgeben), muß Variablen-Parameterübergabe gewählt werden.

Auch ohne Hilfsspeicher wäre Tausch möglich, zum Beispiel ohne Unterprogramm einfach als $X := X + Y$; $Y := X-Y$; $X := X-Y$;. Unvorbereitete Leser würden vielleicht auch $X := Y$; $Y := X$; für einen Tausch halten, was aber nicht der Fall ist.

7.2.3 Unterprogramm-Parameter (proc./funct.parameter)

In diesem Abschnitt wird die Bezeichnung "Unterprogramm-Parameter" nicht in allgemeiner Bedeutung verwendet, sondern speziell für "Parameter von Unterprogrammen, die selbst wieder Unterprogramme sind".

Parameterübergabe per Unterprogramm-Parameter (englisch procedural and function parameters), d.h. Übergabe des Bezeichners eines Unterprogramms als aktueller Parameter an den entsprechenden formalen Parameter beim Unterprogramm-Aufruf und damit Zugriff des formalen Parameters direkt (ohne Unterprogramm-Kopie) auf das Unterprogramm des aktuellen Parameters, erreicht man durch eine entsprechende Unterprogramm-Spezifikation in der formalen Parameterliste.

Eine Unterprogramm-Spezifikation ist eine Unterprogramm-Vereinbarung (7.1.1) ohne Semikolon und ohne block, beginnt also mit PROCEDURE oder FUNCTION und dem Funktionsnamen und spezifiziert dann die formale Parameterliste und ggf. nach Doppelpunkt den Resultat-Typ der Funktion. Der aktuelle Aufruf muß dazu passen, d.h. die formalen Parameterlisten müssen übereinstimmen.

Unterprogramm-Parameterübergabe wird insbesondere dann verwendet, wenn Mehrzweck-Unterprogramme geschrieben werden sollen, deren Wirkung von den aktuell anzugebenden Unterprogramm-Parametern abhängen soll.

Im folgenden Beispiel UpParUeb wird eine Funktion Cessor vereinbart, deren erster Parameter F formal selbst als Funktion spezifiziert wird. Die formalen Parameterlisten von F und PRED, SUCC (A.2.4.4) passen zueinander. Je nach aktuellem ersten Parameter berechnet die Funktion Cessor als Resultat den Vorgänger oder den Nachfolger ihres zweiten Parameters X .

Ein anspruchsvolleres Beispiel wäre eine Dot-Plot-Prozedur zum punktweisen Zeichnen einer als Unterprogramm-Parameter einzugebenden Funktion (Ubungsaufgaben Ubg).

```
(************************** UpParUeb **************************)
(*   Das Unterprogramm Cessor hat als ersten formalen Parameter *)
(*          eine Spezifikation FUNCTION F(X:CHAR):CHAR          *)
(*              die  aktuell besetzt wird mit PRED              *)
(*              oder aktuell besetzt wird mit SUCC             *)
(*   Zur Demonstration der Unterprogramm-Parameteruebergabe   *)
(**************************************************************)

PROGRAM UpParUeb(Input,Output);
   VAR X:CHAR;

   FUNCTION Cessor(FUNCTION F(X:CHAR):CHAR,          (*UP-Parameter*)
                            X:CHAR):CHAR;
      BEGIN
         Cessor:=F(X);
      END(*Cessor*);

   BEGIN
      WRITE('CHAR X:');READLN(X);
      WRITE('predecessor=');WRITELN(Cessor(PRED);
      WRITE('successor  =');WRITELN(Cessor(SUCC);
   END(*UpParUeb*).
```

Output	Input
CHAR X:	F
predecessor=E	
successor =G	

7.3 Konforme Reihungsschemata (level 1 implementation)

Parameterübergabe mit konformen Reihungsschemata ist nur möglich
mit Pascal-Compilern auf dem Level 1. Pascal-Compiler mit Level 0
unterstützen konforme Reihungsschemata nicht. Standard-Pascal kann
als Level 0 oder als Level 1 implementiert sein. Derzeit gibt es
fast nur Level 0 Implementationen auf dem Markt .

Konforme Reihungsschemata (englisch conformant array schema)
können als Wert- (7.2.1) oder Variablen-Parameter (7.2.2) übergeben werden und sind nach Syntaxdiagramm A1 von der Form

```
        ┌──────────────────────────────────┐
        │     index type specification     │
  ┌─────┴──────────────────────────────────┴─────────────┐
  │                                                       │
  │   first              last             ordinal         │
  │   bound              bound            type            │
  │ ──>identifier──> .. ──>identifier──> : ──>identifier──>│
  │                                                       │
  └───────────────────────────────────────────────────────┘
```

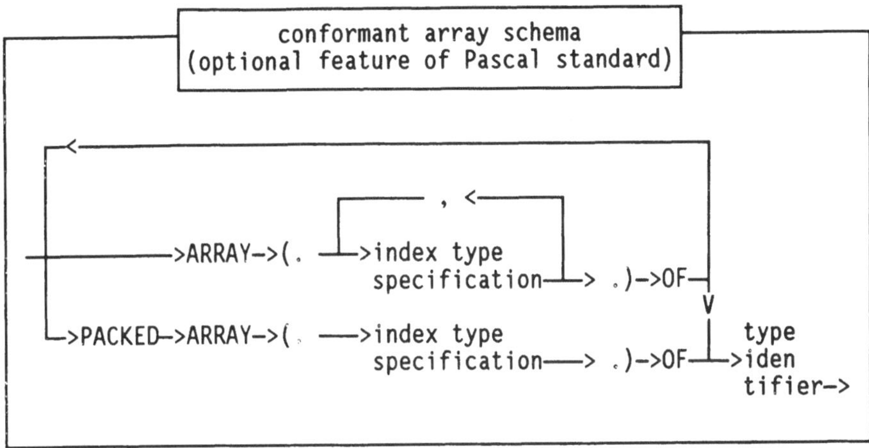

z.B.

```
ARRAY(.First1..Last1:INTEGER,First2..Last2:INTEGER.) OF REAL
     PACKED ARRAY(.First ..Last :INTEGER.) OF CHAR
```

Konforme Reihungsschemata ermöglichen es, dynamisch beim Unterprogramm-Aufruf Reihungen beliebiger Länge als aktuelle Parameter zu übergeben. Sonst könnte man nur Reihungen der Länge übergeben, die in der Spezifikation des formalen Parameters festgelegt wurde.

Das Konzept der konformen Reihungsschemata ist ein Schritt in Richtung 'dynamischer Vereinbarung von Reihungen', allerdings nur in Unterprogramm-Aufrufen und nur mit statisch vorher vereinbarten aktuellen Reihungen. Es entspricht dem Konzept des 'unconstrained array' in Ada.

Auch zum Beispiel bei einer Dot-Plot-Prozedur zum punktweisen Zeichnen einer Funktion (7.2, Ubg) könnte der Funktionswert-Array F beliebiger Länge mit Hilfe eines konformen Reihungsschema in die Dot-Plot-Prozedur als Parameter eingebracht werden,

z.B.

```
F:ARRAY(.A..B:INTEGER.) OF REAL
```

Im nachfolgenden Beispiel Attribut werden mit Hilfe konformer Reihungsschemata Eigenschaften (Attribute) von Reihungen als abfragbare Funktionen programmiert. Diese entsprechen den Attributen First, Last, Length in Ada.

```
(************************* Attribut ***************************)
(* Abfragbare Attribute "First", "Last", "Length" für Reihungen *)
(***************************************************************)

PROGRAM Attribut(Output);

   VAR Vier :PACKED ARRAY(. 0..3.) OF CHAR;
       Fuenf:PACKED ARRAY(.-2..2.) OF CHAR;

   FUNCTION  First(A:PACKED ARRAY(.F..L:INTEGER.)OF CHAR):INTEGER;
     BEGIN
        First:=F
     END(*First *);

   FUNCTION   Last(A:PACKED ARRAY(.F..L:INTEGER.)OF CHAR):INTEGER;
     BEGIN
        Last:=L
     END(*Last*);

   FUNCTION Length(A:PACKED ARRAY(.F..L:INTEGER.)OF CHAR):INTEGER;
     BEGIN
        IF F>L THEN Length:=0 ELSE Length:=L-F+1
     END(*Length*);

   BEGIN
      FOR I:=1 TO 4 DO READ(Vier (.I.));READLN;
      FOR I:=1 TO 5 DO READ(Fuenf(.I.));READLN;
    WRITELN(First(Vier ):2,'..',Last(Vier ):2,', ',Length(Vier ));
    WRITELN(First(Fuenf):2,'..',Last(Fuenf):2,', ',Length(Fuenf));
   END(*Attribut*).
```

Input	Output
Vier	0.. 3, 4
Fuenf	-2.. 2, 5

Leider gelten die in Pascal programmierbaren Attribute nur für
den jeweils im Schema genannten Reihungstyp und nicht für alle
Reihungen über alle möglichen ordinalen Indizes und alle möglichen
Komponententypen.

7.4 Prozedur (PROCEDURE)

Eine Prozedur ist ein Unterprogramm. Unterprogramm-Vereinbarung/
Aufruf wurden in 7.1/7.2 und Parameterübergabe in 7.2 behandelt.
Ein Prozeduraufruf (englisch procedure call statement) ist eine
simple Anweisung (englisch simple statement, 4). Als Beispiel betrachte man etwa die Prozedur Change in Tausch (7.2.2).

7.5 Funktion (FUNCTION)

Eine Funktion ist ein Unterprogramm. Unterprogramm-Vereinbarung/
Aufruf wurden in 7.1/7.2 und Parameterübergabe in 7.2 behandelt.
Ein Funktionsaufruf (englisch function call) ist ein Primäraus-
druck (englisch primary expression, 3.1). Als Beispiel betrachte
man etwa die Funktion "größter gemeinsamer Teiler" GGT(X, Y) in
Euklid (7.2.2).

```
            ┌─────────────────────────────────────┐
░░░░░░░░░░░ │  Besonderheiten von Funktionen      │ ░░░░░░░░░░░
            └─────────────────────────────────────┘

       Eine Funktion F hat einen resultierenden Wert
       (nur simpler Typ oder Zeigertyp zugelassen)
       der mit einer Funktionswertzuweisung  F:=...
                    zugewiesen wird
```

Im Unterschied zu Prozeduren (7.4) haben Funktionen einen resultierenden Typ und einen resultierenden Wert:

Der resultierende Typ, der in der Funktions-Vereinbarung
anzugeben ist, darf (restriktive Sonderregel) nur
ein simpler Typ (1.4) oder ein Zeiger-Typ (6.1.1) sein, z.B.

```
FUNCTION F(X:REAL):INTEGER; ...
```

Der resultierende Wert muß mit einer Wertzuweisung (4.1)
innerhalb des blocks der Funktion an den Funktionsbezeichner
(dabei ohne Parameter !) übergeben werden, z.B.

```
FUNCTION F(X:REAL):INTEGER;BEGIN F:=ROUND(X) END;
```

Man beachte, daß der Funktions-Bezeichner, hier F ohne Parameter, nur links in derartigen Wertzuweisungen im block der Funktion
stehen darf, rechts würde der Funktions-Bezeichner ohne Parameter
als "fehlerhafter Aufruf der Funktion, da ohne Parameterliste" vom
Compiler aufgefaßt werden.

Das folgende Beispiel FManipul zeigt, daß Pascal auch geeignet
ist für algebraische Umformung von Formeln (Formelmanipulation).

```
(**************************** FManipul ****************************)
(*        Formelmanipulation: Differentiation einer Formel      *)
(*              als Variablen                 nur        X       *)
(*              als Operatoren                nur        +,*     *)
(*              Eingabe mit Klammern ( U o V )    fuer o= +,*     *)
(*              Ausgabe mit Klammern ( U + V ) nur fuer    +     *)
(*        Diff: (U+V)'=U'+V', (U*V)'=U'*V+U*V', X'=1, CONST'=0   *)
(****************************************************************)

PROGRAM FManipul(Input,Output);
                                            (*** Form:atOP ***)
   TYPE atOP=^OP;                           (*         !      *)
           OP=RECORD                        (*    ;---o---,   *)
                 o  :CHAR;                   (*    !       !   *)
                 L,R:atOP                    (*    L       R   *)
              END(*RECORD*);                 (****************)

   FUNCTION Form:atOP;
      VAR C:CHAR;F:atOP;
      BEGIN NEW(F);WITH F^ DO BEGIN
         READ(o);IF o='(' THEN
            BEGIN L:=Form;READ(o);R:=Form;READ(C) END;
         Form:=F
      END(*WITH*) END(*Form*);

   FUNCTION Diff(F:atOP):atOP;
      VAR D:atOP;
      BEGIN NEW(D);WITH D^ DO
         IF F^.o IN (.'+','*','X'.) THEN
           CASE F^.o OF
             '+':BEGIN       L:=Diff(F^.L);o:='+';R:=Diff(F^.R) END;
             '*':BEGIN          NEW(L);o:='+';          NEW(R);
                 WITH L^ DO
                    BEGIN  L:=Diff(F^.L);o:='*';R:=      F^.R  END;
                 WITH R^ DO
                    BEGIN  L:=      F^.L ;o:='*';R:=Diff(F^.R) END
                 END;
             'X':                              o:='1'
           END(*CASE*)                ELSE  o:='0';
         Diff:=D
      END(*Diff*);

  PROCEDURE Print(F:atOP);
     BEGIN WITH F^ DO IF o IN (.'+','*'.) THEN
       BEGIN WRITE('(');Print(L);WRITE(o);Print(R);WRITE(')') END
                       ELSE  WRITE(o)
     END(*Print*);

BEGIN Print(Diff(Form));WRITELN END(*FManipul*).
```

Input	Output
((X*X)+(A*X))	((((1*X)+(X*1))+((0*X)+(A*1)))

Der Leser möge sich davon überzeugen, daß die eingegebene Formel ((3*X)+(A*X)) korrekt nach X differenziert und die resultierende Formel als ((0*X+3*1)+(0*X+A*1)) ausgegeben wurde.

Ähnlich wie im Programm BinSort (6.2.1) wird aus der Input-Zeichenfolge mit der rekursiven Funktion Form ein "Formel"-Baum aufgebaut. Dieser wird dann mit der rekursiven Funktion Diff nach den bekannten Differentiationsregeln in einen "differenzierten" Baum umgeformt,

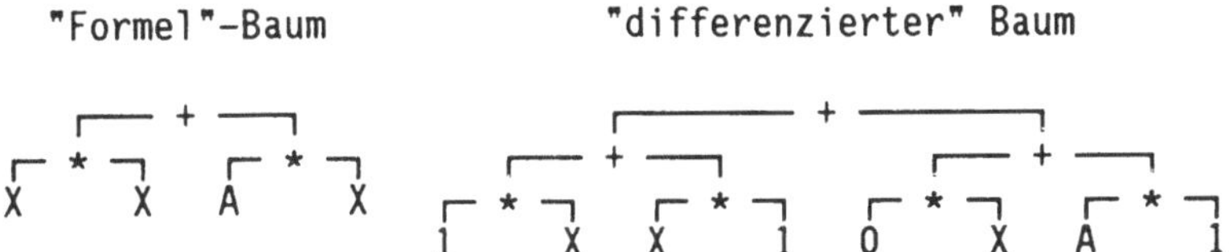

und dann der "differenzierte" Baum mit der rekursiven Prozedur Print in eine Output-Zeichenkette umgeformt. Der "differenzierte" Baum könnte noch mit einer rekursiven Funktion Simp nach bekannten mathematischen Regeln in einen "simplifizierten" Baum umgeformt werden:

7.6 Rundreise-Problem

Die Aufgliederung eines größeren Programms in überschaubare Unterprogramme (prozedurale Struktur) wird nun am folgenden größeren Beispiel TravSale vorgeführt.

```
(************************** TravSale **************************)
(* Travelling Salesman: Kuerzeste Rundreise durch N>=1 Staedte *)
(*                    Startweg Way(1)...Way(Start)...Way(N) *)
(**************************************************************)
```

```pascal
PROGRAM TravSale(Input,Output);
  CONST Start=7;Last=16;One=0.99999;
  TYPE  POSITIVE=1..MAXINT;
  VAR   Town:ARRAY(.1..Last,1..2   .) OF INTEGER;
        Way :ARRAY(.1..Last         .) OF POSITIVE;Change:POSITIVE;
        D   :ARRAY(.1..Last,1..Last.) OF REAL; Len,Part,Rest:REAL;
        MinD:ARRAY(.1..Last.)            OF REAL;        MinRest:REAL;

  PROCEDURE ChangeWay(l,r:POSITIVE);BEGIN
    Change:=Way(.l.);Way(.l.):=Way(.r.);Way(.r.):=Change;END;
  PROCEDURE BoundWay(First:POSITIVE);VAR i,j:POSITIVE;
    BEGIN Part:=0.0;
      FOR i:=1 TO First-1 DO Part:=D(.Way(.i.),Way(.i+1 .).)+Part;
                          Rest:=D(.Way(.1.),Way(.Last.).);
      FOR i:=First TO Last DO BEGIN IF     i  <    Last     THEN
                          Rest:=D(.Way(.i.),Way(.i+1 .).)+Rest;
                            IF (First=i) AND (i<Last) THEN
                  MinD(.i.):=D(.Way(.i.),Way(.i+1 .).) ELSE
                  MinD(.i.):=D(.Way(.i.),Way(.1   .).);
        FOR j:=First TO Last DO IF (     i  <>  j    ) AND
                          (MinD(.i.)> D(.Way(.i.),Way(.j   .).))THEN
                          MinD(.i.):=D(.Way(.i.),Way(.j   .).);
      END(*FOR i*);                MinRest:=0.0;
      FOR i:=First TO Last DO MinRest:=MinD(.i.)+MinRest;
    END(*BoundWay*);
  PROCEDURE PutWay;VAR i:POSITIVE;
    BEGIN WRITE('Way=(',Way(.1.));
      FOR i:=2 TO Last DO WRITE(',',Way(.i.));
      Len:=Part+Rest;WRITELN('), Len=',Len:5:1);
    END(*PutWay*);
  PROCEDURE GetWay;VAR i,j:POSITIVE;
    BEGIN
      FOR i:=1 TO Last DO BEGIN
        WRITE(i:2,'/',Last:2,' Town int x y :');
        FOR j:=1 TO 2 DO READ(Town(.i,j.));READLN;
      END(*FOR i*);
      WRITE('Start-Way  pos ',Last:2,'* :');
      FOR i:=1 TO Last DO READ(Way(.i.));WRITELN;
      FOR i:=1 TO Last DO FOR j:=1 TO Last DO
        D(.i,j.):=SQRT(SQR(Town(.i,1.)-Town(.j,1.))
                    + SQR(Town(.i,2.)-Town(.j,2.)));
      BoundWay(Start);PutWay;
    END(*GetWay*);
  PROCEDURE BackTrack(First:POSITIVE);VAR Next:POSITIVE;
    BEGIN FOR Next:=First TO Last DO BEGIN
      ChangeWay(First,Next);        BoundWay (First);
      IF(Part+   Rest)/Len<One THEN PutWay;
      IF(Part+MinRest)/Len<One THEN BackTrack(First+1);
      ChangeWay(First,Next);
    END(*FOR*);END(*BackTrack*);

  BEGIN GetWay;BackTrack(Start);END(*TravSale*).
```

Output	Input
1/16 Town int x y :	25 69 Kiel
2/16 Town int x y :	33 61 Schwerin
3/16 Town int x y :	24 60 Hamburg
4/16 Town int x y :	17 56 Bremen
5/16 Town int x y :	46 49 Berlin
6/16 Town int x y :	22 48 Hannover
7/16 Town int x y :	44 47 Potsdam
8/16 Town int x y :	34 45 Magdeburg
9/16 Town int x y :	01 37 Duesseldorf
10/16 Town int x y :	49 33 Dresden
11/16 Town int x y :	30 32 Erfurt
12/16 Town int x y :	10 23 Wiesbaden
13/16 Town int x y :	09 22 Mainz
14/16 Town int x y :	00 14 Saarbruecken
15/16 Town int x y :	16 08 Stuttgart
16/16 Town int x y :	32 00 Muenchen
Start-Way pos 16* :	2 1 3 4 6 9 12 13 14 15 16 11 10 8 7 5

```
Way=(2,1,3,4,6,9,12,13,14,15,16,11,10,8,7,5), Len=227.7
Way=(2,1,3,4,6,9,12,13,14,15,16,11,10,7,5,8), Len=224.1
Way=(2,1,3,4,6,9,12,13,14,15,16,11,10,5,7,8), Len=223.1
```

Das Backtracking-Verfahren in TravSale ist etwas modifiziert, da nur Rundreisen fortgesetzt werden (branch and bound), deren bis zur gegenwärtigen Stadt First zurückgelegte Weglänge Part auch bei vorherberechenbarer minimaler Fortsetzung um MinRest nicht länger wird als die gegenwärtig minimale Weglänge Len.

Bekanntlich führt das Rundreise-Problem (englisch traveling salesman problem) durch $N>=1$ Städte auf N! verschiedene Rundreisen und ist daher mit einem gewöhnlichen Backtracking-Verfahren (vgl. Labyrint, 5.1) wegen der zu erwartenden langen Laufzeiten (vgl. Zeitabschätzung in TowHanoi, 0.2.2) nur für etwa $N<20$ exakt lösbar.

In unserem Beispiel führt die Rundreise durch die $N=16$ Hauptstädte der Bundesländer Deutschlands, die in ebener Projektion mit Luftlinien-Abständen Koordinaten in 10 km Einheiten eingegeben werden. Die eingegebene erste Rundreise führt durch 2 Schwerin, 1 Kiel, 3 Hamburg, 4 Bremen, 6 Hannover, 9 Duesseldorf, 12 Wiesbaden, 13 Mainz, 14 Saarbruecken, 15 Stuttgart, 16 Muenchen, 11 Erfurt, 10 Dresden, 8 Magdeburg, 7 Potsdam, 5 Berlin, Länge=2277 km. Der Leser möge sich durch einen Probelauf auf dem Personalcomputer davon überzeugen, daß bereits diese Anzahl $N=16$ zu groß ist für die volständige Durchrechnung des Backtrackings mit Start=2, d.h. man legt nur die erste Stadt Way(1)=2 Schwerin fest (ohne Beschränkung der Allgemeinheit, effektiv $N=15$).

Legt man jedoch mit Start=7 die ersten 6 Städte Schwerin, Kiel, Hamburg, Bremen, Hannover, Düsseldorf fest, so ergibt die vollständige Durchrechnung des Backtrackings in einigen Sekunden die resultierende kürzeste Rundreise durch die Städte: 2 Schwerin, 1 Kiel, 3 Hamburg, 4 Bremen, 6 Hannover, 9 Duesseldorf, 12 Wiesbaden, 13 Mainz, 14 Saarbruecken, 15 Stuttgart, 16 Muenchen, 11 Erfurt, 10 Dresden, 5 Berlin, 7 Potsdam, 8 Magdeburg, Länge=2231 km. Ungelöst ist das Problem, ob überhaupt exakte Lösungsverfahren mit einer Potenz von N, d.h. wesentlich weniger als N! Schritten angebbar sind. In der Informatik glaubt man an die "Unlösbarkeit" und empfiehlt statt dessen z.B. eine "Näherungslösung", die in N*N*log2(N) Schritten höchstens die doppelte Rundreise-Länge liefert: Man beginne mit N=1 und füge iterativ jeweils eine so auszuwählende neue Stadt zwischen zwei so auszuwählende aufeinander folgende Städte ein, daß die Rundreise-Länge nur minimal anwächst.

7.7 Bereichsschachtelung

Pascal gehört als ALGOL_60-Familienmitglied zu den "block-strukturierten" Programmiersprachen, erlaubt aber Bereichsschachtelung nur bei der Schachtelung von Unterprogrammen, anders als z.B. in ALGOL_60/68 und SIMULA, die Blöcke mit Vereinbarungen auch für sonstige BEGIN...END Teile des Programms zulassen.

Ein (Vereinbarungs-)Bereich (englisch declarative region) kann daher in Pascal nur sein:

```
- ein Block (englisch block, 2, A.1)
  eines Programms oder
  eines Unterprogramms (Prozedur,Funktion) zuzüglich der
      Parameterliste des Unterprogramms
```

Verbundtypen (RECORD, 6.2.1) fallen etwas aus dem Konzept der Bereichsschachtelung heraus, da ihre Komponenten lokal im Verbund vereinbart und dennoch außerhalb des Verbunds unter Zuhilfenahme des Verbundtyp-Variablennamens aufrufbar sind.

Bereiche können sein:

```
ineinander enthalten
```

```
A
  ist B übergeordnet
    B
      ist A untergeordnet
```

bzw.

```
nicht ineinander enthalten
```

```
A
  ist B parallelgeordnet

B
  ist A parallelgeordnet
```

7.7.1 Vereinbart / nicht vereinbart

Der "innerste" Bereich (englisch innermost region), d.h. der Bereich, in dem die Vereinbarung einer Größe "unmittelbar vorkommt" (englisch occurs immediately), ist dieser Größe als ihr Vereinbarungsbereich (englisch declarative region) zugeordnet. In diesem Bereich heißt die Größe "vereinbart" und sonst "nicht vereinbart".

Die interne Belegung von Speicher für Bereichs-Größen erfolgt dynamisch konsekutiv zur Laufzeit bei der Vereinbarung der Größe. Beim Verlassen des Vereinbarungsbereichs wird der gesamte Speicher-Keller (englisch stack) aller in diesem Bereich vereinbarten Größen wieder freigegeben.

```
Bereichsschachtelung spart Namen und Speicher

   Eine nicht mehr vereinbarte Größe verliert ihren Namen
      (im Programm) und ihren Wert (intern im Speicher)
```

7.7.2 Lokal / global

Ein "Lokalbereich" (englisch local decalarative region) entsteht aus einem Bereich durch Ausschluß aller ihm (echt) untergeordneten Bereiche. Mit dem Vereinbarungsbereich (7.7.1) ist einer Größe demnach auch ein Lokalbereich zugeordnet. In diesem Lokalbereich heißt die Größe "lokal".

In einem Lokalbereich dürfen nicht zwei verschiedene Größen gleichen Namens (und gleicher Parameternamen etc., siehe overloading 7.2.3) lokal sein, z.B. inkorrekt

```
PROGRAM Inkorrekt(Output); CONST X=3.14; VAR X ...
```

```
Bereichsschachtelung gibt Namensfreiheit

   Außerhalb des Lokalbereichs einer Größe dürfen andere
   Größen gleichen Namens vereinbart (und gespeichert) werden
```

z.B.

```
PROGRAM Korrekt(Output); CONST X=3.14;
                PROCEDURE P(X:REAL)...
```

Ein "Globalbereich" ist das Komplement eines Lokalbereichs bezüglich des Bereichs, aus dem der Lokalbereich entstanden ist. Eine vereinbarte, nicht lokale Größe heißt "global" bezüglich des betreffenden Lokalbereichs, z.B.

```
PROGRAM Aussen(Output); VAR X:REAL;        <- X  lokal
    PROCEDURE Innen;BEGIN WRITELN(X) END;   <- X global
BEGIN X:=3.14;Innen END.                    <- X  lokal
```

7.7.3 Erzeugt / nicht erzeugt, Ausnahmen

Eine Größe wird erst dynamisch bei Erreichen ihrer Vereinbarung erzeugt, und nicht schon am Anfang ihres Vereinbarungsbereichs.

Der Erzeugungsbereich einer Größe (englisch scope of an entity declared by a declaration) entsteht demnach aus ihrem Vereinbarungsbereich durch Ausschluß desjenigen Anfangsbereichs, der vor der Vereinbarung der Größe liegt. In diesem Erzeugungsbereich heißt die Größe "erzeugt" und sonst "nicht erzeugt", z.B.

```
PROGRAM   Korrekt(Output);CONST Pi=3.14;TwoPi=Pi+Pi;...
PROGRAM Inkorrekt(Output);CONST TwoPi=Pi+Pi;Pi=3.14;...
```

Ausnahmeregelungen:

- Komponenten von Verbunden können mit Hilfe des Verbund-Namens durch Selektion im umgebenden Erzeugungsbereich des Verbundes aufgerufen werden (6.2),

- FORWARD-Spezifikation (7.1.2) ermöglicht indirekte Rekursion von Unterprogrammen.

7.7.4 Aufrufbar/ Unterdrückt

Der Aufrufbarkeitsbereich einer Größe (englisch region of visibility of an entity declared by a declaration) entsteht aus ihrem Erzeugungsbereich durch Ausschluß aller derjenigen (echt) unterge-

ordneten Bereiche, die Vereinbarungsbereich einer anderen Größe
gleichen Namens sind. In diesem Aufrufbarkeitsbereich heißt die
Größe "aufrufbar".

Der "Unterdrückungsbereich" (englisch hidden entity declared
by a declaration) einer Größe ist das Komplement ihres Aufrufbar-
keitsbereichs bezüglich ihres Vereinbarungsbereichs. Eine vereinbarte, nicht aufrufbare Größe heißt (vorübergehend) "unterdrückt",
d.h. ihr Name ist im Unterdrückungsbereich nicht zugänglich. Statt
dessen ist der gleichlautende Name der sie unterdrückenden Größe
zugänglich.

Ihr (intern gespeicherter) Wert bleibt im Unterdrückungsbereich erhalten und steht wieder zugriffsbereit zur Verfügung,   wenn
der dynamische Fluß des Programms den Unterdrückungsbereich ver-
läßt und wieder in den Aufrufbarkeitsbereich gelangt, z.B.

```
PROGRAM Aussen(Output);
   TYPE STRING6=PACKED ARRAY(.1..6.) OF CHAR;
   VAR  S:STRING6;                              <- Sa(aussen)
   PROCEDURE Innen;VAR S:STRING6;               <- Si(innen)
      BEGIN S:='Lokal ';WRITE(S) END;
BEGIN
   S:='Global';                                 <- Sa aufrufb.
   Innen;                                        <- Sa unterdr.
   WRITELN(S)                                    <- Sa aufrufb.
END.
```

```
| Output
+----------
|Lokal Global
```

Bereichsschachtelung schützt Namen

Eine (vorübergehend) unterdrückte Größe behält
ihren während der Unterdrückung unzugänglichen Namen
und (intern gespeicherten) Wert

Jede unterdrückte Größe ist global, aber nicht jede globale Größe
ist unterdrückt.

7.7.5 Bereichsfreie Größen, Speicherbereinigung, u.a.m.

Mit NEW erzeugte Objekte (Allokator 6.1.1) sind bereichsfreie Größen. Sie werden in einem besonderen Halden-Speicher (englisch heap) gehalten und können im Programm "unsterblich" sein. Diese mit NEW erzeugten Objekte haben keinen direkten Namen im Pascal-Programm und sind nur über Zeigertyp-Variable (6.1.1) aufrufbar, die ihrerseits Bereichs-Größen und damit "sterblich" sind.

Ob der Compiler zur Laufzeit automatische Speicherbereinigung (Entschrottung, englisch garbage collection) durchführt, indem er Objekte eliminiert, auf die kein Zeiger mehr zugreift, ist implementationsabhängig (bei guten Compilern üblich). Speicherfreigabe durch den Programmierer selbst ist möglich mit Hilfe der Standardprozedur DISPOSE (A.2.5.1, vgl. BinSort, 6.2.1).

Ein anschauliches Modell für "Speicherbereinigung" ist die Entnahme einer Menge feinkörnigen Sandes aus einer Halde (englisch heap). Nach der Entnahme fließt die Halde wieder lückenlos zu einer neuen Halde zusammen.

Es sei noch darauf hingewiesen, daß Stringliterale (1.9, 5.3) und Aggregate (5.4) Größen sind, die weder (vorher) vereinbart noch mit NEW alloziert zu werden brauchen.

Mit der weiteren Verbreitung von Listenverarbeitung (siehe Zeiger und Verbunde 6) wird die Bedeutung bereichsfreier Größen zunehmen. Die Zukunft blockorientierter Programmiersprachen ist ungewiß.

7.8 Testfragen

zu	Frage	abdeckbare Antwort
7	Können in Pascal Unterprogramme ineinander geschachtelt sein?	ja
7.1	Wie findet das Programm nach einem Unterprogramm-Aufruf, d.h. einem Ansprung des Unterprogramms, zurück zur betreffenden Aufruf-Stelle (da es mehrere geben kann?	beim Ansprung wird die Rück - sprung - Adresse dem Unterprogramm mitgeteilt.

7.1.1 Was ist für die Vereinbarung eines Unterprogramms immer erforderlich?	
– eine FORWARD-Spezifikation ?	nein
– eine Unterprogramm-Vereinbarung?	ja
7.1.2 Ist für rekursiven Aufruf eines Unterprogramms (in sich selbst) eine vorherige FORWARD-Spezifikation erforderlich?	nein
7.2 Durch welche Vorbezeichnungen können bei formalen Parametern die verschiedenen Arten der Parameterübergabe voreingestellt werden?	"leer" oder VAR oder FUNCTION bzw. PROCEDURE
7.2 Gibt es in Pascal Parameterübergabe ähnlich 'call by name' in ALGOL_60?	nein
7.2.1 Ersetze in Euklid die " mehrmalige Subtraktion A – B " durch " einmalige Division A MOD B "	IF A>B THEN A:=A MOD B ELSE B:=B MOD A
7.2.2 5.4 4.1 Kann man Werte-Tausch mit Hilfe von Aggregaten wie folgt programmieren? (.x,y.):=(.y,x.)	nein,ein Aggregat ist keine Variable, d.h. nicht links im assignment zulässig
7.5 Können Funktionen neben ihrem Ergebniswert Seiteneffekte haben, wie:	
– Ausgabe über Parameter?	ja
– globale Wertzuweisungen?	ja
– NEW Allokationen?	ja
– Sprünge zu Fehlerausgängen?	ja
7.5 Kann der Funktionswert ein Zeiger sein?	ja, z.B. Form und Diff in FManipul

7.6   Welche neue Stadt D,E wird zwischen welchen alten Städten A,B,C nach dem erwähnten (nicht exakten) Näherungsverfahren in die Reise aufgenommen?

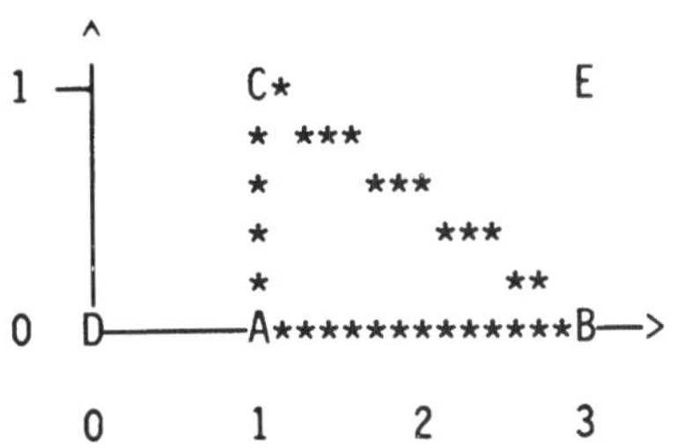

Hinzunahme von D :
 + AD=   1
 + CD=sqrt(2)
 − AC=   1
─────────────────
 +   1.41
Hinzunahme von E :
 + BE=   1
 + CE=   2
 − BC=sqrt(5)
─────────────────
 +   0.76
d.h. E zwischen B C
in Reise aufnehmen

7.7.2   Sind formale Parameter lokal im (Block des) Unterprogramm?

ja

7.7.2/4   Was kann eine vereinbarte Größe zugleich sein?

global und aufrufbar ?   ja
global und unterdrückt?   ja
lokal und aufrufbar ?   ja

lokal und unterdrückt?   nein

7.7.4   Können Werte unterdrückter Größen verändert oder gar gelöscht werden?

nein

8 DATEI (FILE)

Zur Kommunikation des Programm-Daten-Flusses (englisch stream) mit der (lokalen oder externen) Umgebung stehen (lokale oder externe) Dateien (englisch local or external file) zur Verfügung, die über einen vordefinierten Dateityp (Tab. 1, A.1)

```
FILE OF type
```

und in A.2.5.3-6 vordefinierte Standardfunktionen im Programm angesprochen werden. Eine Datei kann z.B. eine Eigabetastatur, ein Ausgabebildschirm, ein Platten-Laufwerk oder ein Drucker sein. Eine Datei ist eine eindimensionale Kette wachsender (nur durch die Implementation begrenzter) Länge aus Komponenten.

In Pascal ist es, wie z.B. in Ada, anders als in C, möglich, den Komponententyp (type) selbst zu vereinbaren. Als Komponententyp ist wie beim Assignment(4.1) jeder Typ zulässig mit Ausnahme des Typs FILE selbst (auch nicht implizit in einem Verbund oder einer Reihung).

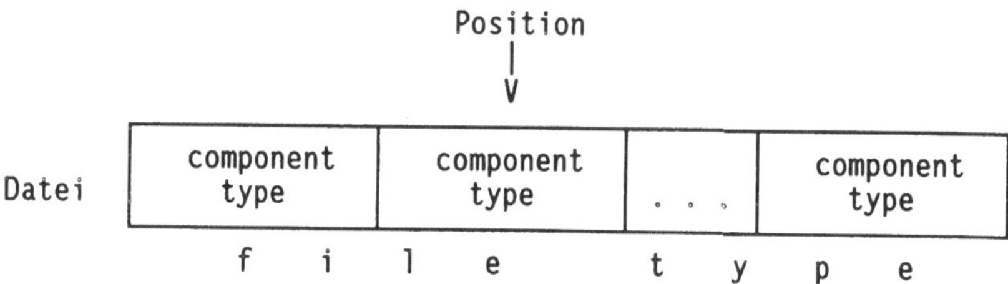

z.B.

```
MessWerte        :FILE OF REAL
MitgliederListe:FILE OF PACKED ARRAY(.1..40.) OF CHAR
```

Im Abschnitt 8.2 (A.2.2/5/6) werden Text-Dateien behandelt, d.h. nur Dateien vom vorgegebenen Komponententyp CHAR.

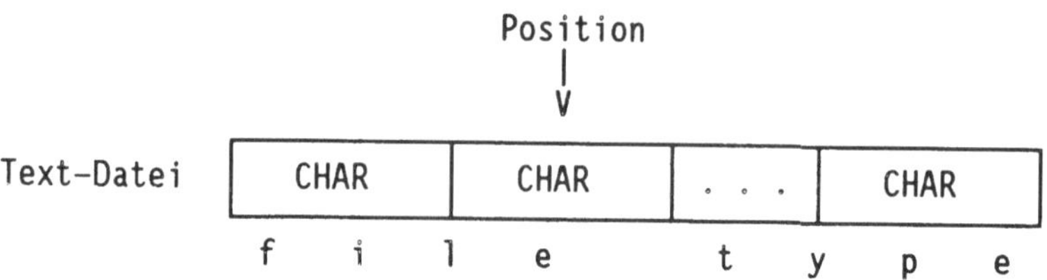

z.B. (TEXT steht synonym für FILE OF CHAR, A.2.2)

```
F:FILE OF CHAR
F:TEXT
```

Anders als in Ada gibt es in Pascal keine direkt positionierbaren Dateien, sondern nur sequentielle Dateien (8.1), bei denen zu jedem Zeitpunkt nur die eine Komponente auf der laufenden Position erreichbar ist. Die übrigen Komponenten sind nur durch sequentielle Progression erreichbar.

8.1 Sequentieller Dateityp, Modus, Komponente

In Pascal gibt es nur sequentielle Dateien. Sequentielle Dateien sind im physikalischen Modell nicht notwendig indiziert. Nur zur Beschreibung der sequentiellen Progression nehmen wir eine hypothetische Index-ähnliche Position an, die jeweils nach dem Beschreiben oder Lesen um 1 weitergesetzt wird. Die Position der jeweils zu beschreibenden oder zu lesenden Komponente ist nicht direkt setzbar oder abfragbar.

Das allgemeine FILE-Repertoire (ohne Text-Dateien, 8.2) hat in Pascal nur 7 Bestandteile:

```
Dateityp                        FILE OF type
Puffer (für lfd. Komponente)    F^
Modus-Setzprozeduren            REWRITE(F), RESET(F)
Schreib/Lese-Prozeduren         PUT(F), GET(F)
Abfrage-Funktion                EoF(F)
```

Die in anderen Programmiersprachen, wie z.B. in Ada vorhandenen Standardroutinen zur Einrichtung von Dateien, wie z.B. create, open, close, delete gibt es in Pascal leider nicht. Ihre Aufgabe muß von der jeweiligen Umgebung (z.B. filehandling in DOS oder UNIX) oder von Compiler-abhängigen Routinen (z.B. Assign in Turbo-Pascal, vgl. KfzRepar, 8.2) wahrgenommen werden.

Eine (sequentielle) Datei F befindet sich entweder im

```
Schreib-Modus (englisch generation mode)
```

für PUT(F), der mit REWRITE(F) voreingestellt wird, oder im

Lese-Modus (englisch inspection mode)

für GET(F), der mit RESET(F) voreingestellt wird.

Anders als in C, kann sich in Pascal eine Datei nicht zugleich im Lese- und Schreib-Modus befinden.

```
          Modi für Lesen/Schreiben

Im Schreib-Modus (nach REWRITE) ist Lesen      unzulässig
Im    Lese-Modus (nach RESET)   ist Schreiben unzulässig
```

Zu jeder vereinbarten Datei   VAR F: FILE OF type existiert automatisch ohne extra Vereinbarung ein Puffer F^, der eine Variable vom Komponententyp type darstellt, die man wie jede andere Variable (nach RESET) Lesen oder (nach REWRITE) Beschreiben kann.

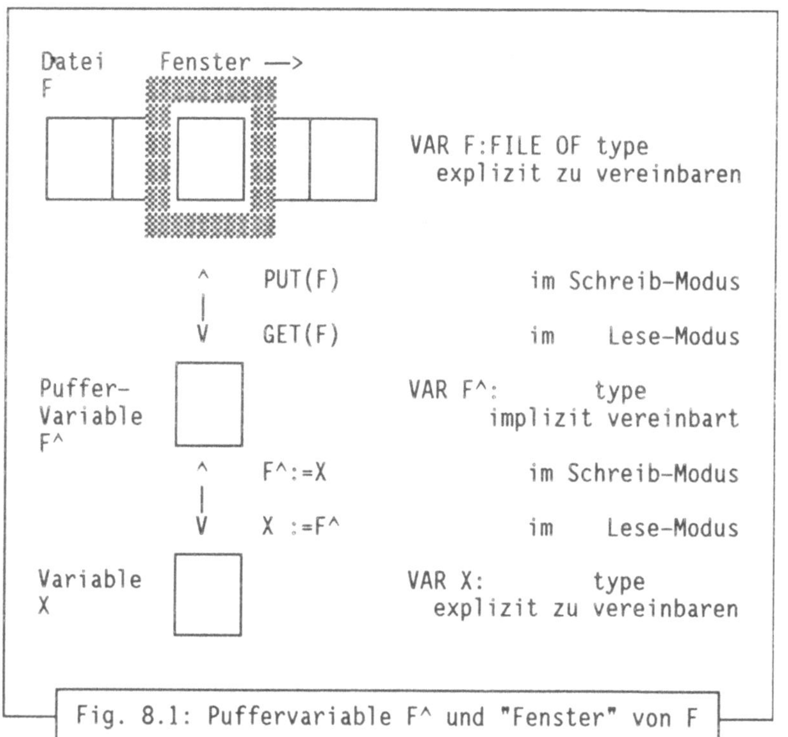

Fig. 8.1: Puffervariable F^ und "Fenster" von F

Dieser Puffer F^, der in keiner anderen Programmiersprache angeboten wird, ist eine Kopie der auf der augenblicklichen Position der Datei F "im Fenster" befindlichen Komponente. Er erlaubt z.B. den Vergleich der "im Fenster" befindlichen Komponenten zweier Dateien ohne automatischen sequentiellen Vorschub. Es sei hier der gewagte Vergleich mit einer "Verlobung" gestattet, die auch "Anschauen" gestattet, ohne gleich "Heiraten" zu müssen.

Schreiben eines Werts in den Puffers F^ mit anschließendem PUT(F) kopiert diesen Wert in die auf der augenblicklichen Position der Datei F "im Fenster" befindliche Komponente und rückt die Position dann um 1 nach rechts.

Die Position wird durch REWRITE(F) oder RESET(F) auf den Anfang 1 zurückgesetzt und durch PUT(F) oder GET(F) sequentiell um jeweils eine Position vorangerückt. Ein Aufruf von REWRITE(F) löscht alle bereits beschriebenen Komponenten und bewirkt EoF(F)= TRUE sowie F^="undefined". Ein Aufruf von RESET(F) erhält die bereits beschriebenen Komponenten. Das Ende einer Datei F ist mit der Funktion EoF(F) abfragbar.

Jede Datei muß im Programm (lokal) vereinbart werden, ausgenommen sind nur die Standard-Text-Dateien Input,Output.

Wird die Datei außerdem im Programmkopf aufgelistet, so handelt es sich um eine externe Datei die außerhalb des Programms resident in implementationsabhängiger Form vorher vereinbart sein muß. Externe Dateien existieren auch noch nach Ablauf des Programms und können nur implementationsabhängig wieder getilgt werden. Fast alle existierenden Pascal-Compiler unterstützen externe Dateien, nur sehr wenige unterstützen auch das Konzept der lokalen Dateien.

Für alle (!) Datei-Typen gelten folgende eingeschränkte READ/ WRITE-Konventionen zur Vermeidung des expliziten Gebrauchs der Puffervariablen F^ und der elementaren Prozeduren GET/PUT:

```
         eingeschränkte READ/WRITE-Konventionen


   READ(F,X)    steht für    BEGIN X:=F^;GET(F) END
   WRITE(F,X)   steht für    BEGIN F^:=X;PUT(F) END

   Nur speziell für Text-Dateien gelten weiter-
   gehende READ/WRITE-Konditionen (siehe 8.2)
```

8.2 Text-Datei (TEXT), siehe A.2.2/5/6

Der Standard Datei-Typ TEXT, bestehend nur aus Komponenten vom
Typ CHAR, im folgenden Text-Datei genannt, ist nach Anhang A.2.2
vereinbart in der Form

```
TYPE TEXT = FILE OF CHAR
```

Nur Text-Dateien besitzen eine Unterteilung in Zeilen (und Sei-
ten) und nur für Text-Dateien existieren komfortable Prozeduren
READ/WRITE zur Ein/Ausgabe-Konvertierung/Formatierung von CHAR-
Sequenzen des Textes in Typen wie INTEGER oder REAL:

```
weitergehende READ/WRITE-Konventionen

Über die eingeschränkten READ/WRITE-Konventionen
(siehe 8.1) hinaus gelten speziell nur für Text-
Dateien  folgende  weitergehende  Konventionen:

            variable Parameter-Anzahl
     Konvertierung von CHAR-Sequenzen des Textes
         Optionale Format-Ausgabeparameter
            READLN, WRITELN, EoLN
                     PAGE
```

Beispiele für READ/WRITE mit voreingestellter (default) Text-
Datei Input/Output, d.h. für einfache Ein/Ausgabe mit weitergehenden READ/WRITE-Konventionen wurden bereits im Abschnitt 1.9
ausführlich besprochen (siehe StFormat, IoFormat).

Input und Output sind Standard Text-Dateien, nach Anhang A.2.6
vereinbart in der Form

```
VAR Input, Output: TEXT

READ (X)    steht für    READ (Input ,X)
WRITE(X)    steht für    WRITE(Output,X)
EoF         steht für    EoF  (Input )
EoLN        steht für    EoLN (Input )
PAGE        steht für    PAGE (Output)
```

z.B.

```
    WRITE('Hallo')   steht für   WRITE(Output,'Hallo')
```

Das komfortable Lesen/Schreiben nach erweiterten Konditionen aus/in beliebige implementationsabhängig eröffnete Text-Dateien F geschieht mit den Standardprozeduren READ(F, ..), WRITE(F, ..), die als Verallgemeinerung der in Abschnitt 1.9. besprochenen einfachen Standardprozeduren READ(...), WRITE(...) gedeutet werden können. Man muß nur als zusätzlichen ersten Parameter explizit den Datei-Bezeichner F setzen.

Der Compiler wird zur Verwirklichung der Zeilen-Gliederung von Text-Dateien ein internes Kontrollzeichen für "end-of-line" (Zeilenende) verwenden, das jedoch in Pascal kein echtes CHAR C Zeichen ist, und auf das der Programmierer nicht direkt zugreifen kann. Das Abfragen des Ende einer Zeile einer Text-Datei F ist nur mit der Standardfunktion

```
                         EoLN(F)
```

möglich. Auf den Anfang der nächsten Seite einer Text-Datei F, jedoch nur für Drucker, kann implementationsabhängig vorgeschoben werden mit der Standardfunktion

```
                         PAGE(F)
```

wobei sich F im Schreib-Modus befinden muß.

Das nachfolgende Programm KfzRepar setzt das Vorhandensein zweier externer Text-Dateien ArbWert.F und MatWert.F voraus, in denen, abgesehen von noch anzubringenden Faktoren ArbFakt und MatFakt, zeilenweise die Kosten für die jeweilige Arbeits- bzw. Material-Position ausgewiesen sind.

Die Anzahl der Zeilen einer Text-Datei wird bestimmt mit der Funktion Lines(F). Quasidirekte Zeilenpositionierung geschieht mit der Prozedur SetLine(F,Pos).

```
(************************* KfzRepar **************************)
(*              Kraftfahrzeug-Reparatur-Rechnung            *)
(*        mit externen Text-Dateien ArbWert.F, MatWert.F    *)
(*        Quasidirekte Zeilen-Positionierung mit SetLine    *)
(*    impl.abh. Datei-Einrichtung Assign(F,FileName), Close(F)    *)
(***********************************************************)
```

```pascal
PROGRAM KfzRepar(Input,F,Output);

   CONST PrzMwSt =14.0;ArbFakt =5.50;MatFakt =2.75;
   TYPE  NAT     =0..MAXINT;
         STRING9 =PACKED ARRAY(.1.. 9.) OF CHAR;
         STRING11=PACKED ARRAY(.1...11.) OF CHAR;
   VAR   ArbKost,MatKost,SumKost,GesKost,MwSt:REAL;

   FUNCTION Lines(VAR F:TEXT):NAT;VAR L:NAT;
      BEGIN RESET(F);                        L:=0;
         WHILE NOT EoF(F) DO BEGIN L:=L+1;READLN(F) END;Lines:=L
      END(*Lines*);

   PROCEDURE SetLine(VAR F:TEXT;ToLine:NAT);VAR Line:NAT;
      BEGIN RESET(F);
         FOR Line:=1 TO ToLine-1 DO READLN(F);
      END(*SetLine*);

   FUNCTION Faktur(FileName:STRING9;Fakt:REAL):REAL;
      LABEL 0(*EXIT*);
      VAR   F:TEXT;Len,Pos,I:NAT;Art:STRING11;SumVal,Val:REAL;
      BEGIN                                  SumVal:=0;
         Assign(F,FileName);          (*impl.abh.: Turbo Pascal 5.0*)
         WRITELN;WRITELN(FileName);
         Len:=Lines(F);WRITELN(Len+1:6,' Terminator');
         WHILE TRUE DO BEGIN
            WRITE('Pos: ');READLN(Pos);
            IF NOT(Pos IN (.1..Len.)) THEN GOTO 0;SetLine(F,Pos);
            READ(F,Pos);FOR I:=1 TO 11 DO READ(F,Art(.I.));
            READLN(F,Val);Val:=Val*Fakt;SumVal:=SumVal+Val;
            WRITELN;WRITELN(Art:17,Val:7:2,' DM');
         END(*WHILE*);0:Faktur:=SumVal;
         Close(F)                     (*impl.abh.: Turbo Pascal 5.0*)
      END(*Faktur*);

   BEGIN
            ArbKost := Faktur('ArbWert.F'  ,ArbFakt           );
      WRITELN(                      '------':24               );
      WRITELN('ArbKost':17,         ArbKost: 7:2,        ' DM');
            MatKost := Faktur('MatWert.F'  ,MatFakt           );
      WRITELN(                      '------':24               );
      WRITELN('MatKost':17,         MatKost: 7:2,        ' DM');
      WRITELN(                      '------':24               );
            SumKost :=             ArbKost     +MatKost        ;
      WRITELN('SumKost':17,         SumKost: 7:2,        ' DM');
               MwSt :=             SumKost     *PrzMwSt/100    ;
      WRITELN('   MwSt':17,            MwSt: 7:2,        ' DM');
      WRITELN(                      '------':24               );
            GesKost :=             SumKost     +    MwSt        ;
      WRITELN('GesKost':17,         GesKost: 7:2,        ' DM');
      WRITELN(                      '======':24               );
   END(*KfzRepar*).
```

```
| ArbWert.F                           | MatWert.F
|─────────────────────────────────── |───────────────────────────────────
|     1 Bremsbelag     4.75           |     1 Bremsbelag     4.20
|     2 Lackier_kl     3.25           |     2 KleinMater     1.00
|     3 Reinigg_kl     2.00           |     3 Leiste_Skl     5.10
|     4 Scheibe_kl    14.50           |     4 Rahmen_Skl    10.25
|                                     |     5 Scheibe_kl     7.50
```

```
| Output                        | In | Output (Fortsetzung)            | In
|────────────────────────────── |────|─────────────────────────────── |────
| ArbWert.F                     |    | MatWert.F                       |
|     5 Terminator              |    |     6 Terminator                |
| Pos:                          |  3 | Pos:                            |  4
|     Reinigg_kl    11.00 DM    |    |     Rahmen_Skl    28.19 DM      |
| Pos:                          |  4 | Pos:                            |  5
|     Scheibe_kl    79.75 DM    |    |     Scheibe_kl    20.63 DM      |
| Pos:                          |  2 | Pos:                            |  3
|     Lackier_kl    17.88 DM    |    |     Leiste_Skl    14.03 DM      |
| Pos:                          |  5 | Pos:                            |  2
|                  ──────       |    |     KleinMater     2.75 DM      |
|     Arb_Kost     108.62 DM    |    | Pos:                            |  6
|                               |    |                  ──────         |
|                               |    |     Mat_Kost      65.59 DM      |
|                               |    |                                 |
|                               |    |     Sum_Kost     174.21 DM      |
|                               |    |         MwSt      24.39 DM      |
|                               |    |                  ──────         |
|                               |    |     Ges_Kost     198.60 DM      |
|                               |    |                  ======         |
```

Da die Datei F in den Unterprogrammen Lines und SetLine nur gelesen und nicht überschrieben werden soll, wird für F der Lese-Modus mit RESET(F) voreingestellt.

Die Prozedur SetLine simuliert den 'direkten' Zugriff auf eine Zeile einer Text-Datei F durch Zurücksetzen RESET(F) von F auf den Anfang und sequentielles READLN(F) bis zur gewünschten Zeile. Die mit SetLine(F, Pos) quasidirekt angesprungene Zeile Pos kann dann in Faktur sequentiell mit READ(F,...) gelesen werden.

Die Funktion Faktur berechnet die faktorisierte Summe aus abgefragten Zeilen-Werten einer Textdatei. Faktur hat den Namens-STRING9 FileName einer gegebenen externen Datei als Parameter und eröffnet darauf die Text-Datei F implementationsabhäng (hier Turbo Pascal) mit Assign(F,FileName) im Lese-Modus durch RESET(F) im Unterprogramm SetLines.

Vor dem Rücksprung aus der Funktion Faktur wird die lokale Datei F wieder implementationsabhängig (hier Turbo-Pascal) mit Close(F) geschlossen.

Es handelt sich typisch um direkte Suchvorgänge nach vorgegebenen Zeilen-Positionen, für die einfaches sequentielles Durchsuchen von Nichttext-Dateien unangebracht wäre. Die weitergehenden READ/WRITE-Konventionen für Text-Dateien gestatten komfortable Ein/Ausgabe von RECORD-ähnlichen (6.2) Datensätzen in/aus Text-Zeilen. Formatierung der Datensätze kann einfach durch WRITE-Format (siehe IoFormat, 1.9) durchgeführt werden.

Man hätte in Faktur auch statt des Parameters FileName: STRING9, ähnlich wie in Lines oder SetLine, F: TEXT vereinbaren können und die Vereinbarung ArbWert.F,MatWert.F:TEXT, die Öffnung (Assign) und Schließung (Close) der Dateien ArbWert.F, MatWert.F in das Hauptprogramm KfzRepar verlegen können.

8.3 Testfragen

zu	Frage	abdeckbare Antwort
8	Ist die folgende Typ-Vereinbarung korrekt ? TYPE Explosiv=FILE OF FILE OF CHAR	nein
8.1	Kann man Dateien in Pascal auch sequentiell von rechts nach links abarbeiten?	nein
8.1	Wie kann man eine bereits gelesene (RESET) Datei F schreibend Verlängern um einen Teil RestF ?	nicht mit REWRITE, sond. in Hilfsdatei Schreib/Verlängern, Rückkopieren in F
8.1	Schreibe eine Datei-Prozedur zum Aneinanderfügen von zwei Dateien: PROCEDURE Cat(VAR F,G,FcatG:FileType)	siehe oben "Verlängern"
8.1	Sind TEXTe in Pascal stets unterteilt in Zeilen? Seiten? (wie in Ada) Bücher? (wie in ALGOL_68)	 ja nein (nur Drucker) nein (nur 1 "Buch")

8.1   Sind die folgenden Prozeduraufrufe
        für VAR X:REAL;F:FILE OF REAL korrekt?

        READ(F,X)   ja
        EoF(F)   ja

        WRITELN(F,X,X)   nein (kein TEXT)
        EoLn(F)   nein (kein TEXT)

8.1   Sind Input,Output externe Dateien?   ja

8.1   Sind die folgenden Prozeduraufrufe
        für Input, Output korrekt ?

        WRITE(Output , 'Output')   ja
        WRITE('Output' , 'Output')   ja
        PAGE (Output)   ja, falls Drucker
        PAGE   ja, falls Drucker

        REWRITE(Input)   nein
        RESET   nein

8.1   Kann man externe Dateien auch neu   ja, z.B. Output,
        beschreiben?   Ausnahme ist Input

8.1/2   Welche der folgenden sind korrekte
        Anweisungen für Dateien F,G?

            F:=G   nein, siehe 4.1 1r
            IF F=G THEN WRITE('F=G')   " , siehe A.2.3.2

            Open(F,'Name')   implement.-abhängig
            Assign(F,'Name')   "

            RESET(F)   ja
            REWRITE(F)   "

8.2   Kann man die Länge einer Datei mit   nein, vgl. Lines in
        mit einer Funktion abfragen, die stan- KfzRepar
        dardmäßig vordefiniert ist?

8.2   Kann man in Standard-Pascal datei-   nein, vgl. Assign
        verarbeitende Programme "portabel",   in KfzRepar
        d.h. in jeder Implementation ablauf-
        fähig, schreiben?

A ANHANG

A.1 SYNTAX-DIAGRAMME (Feldmann)

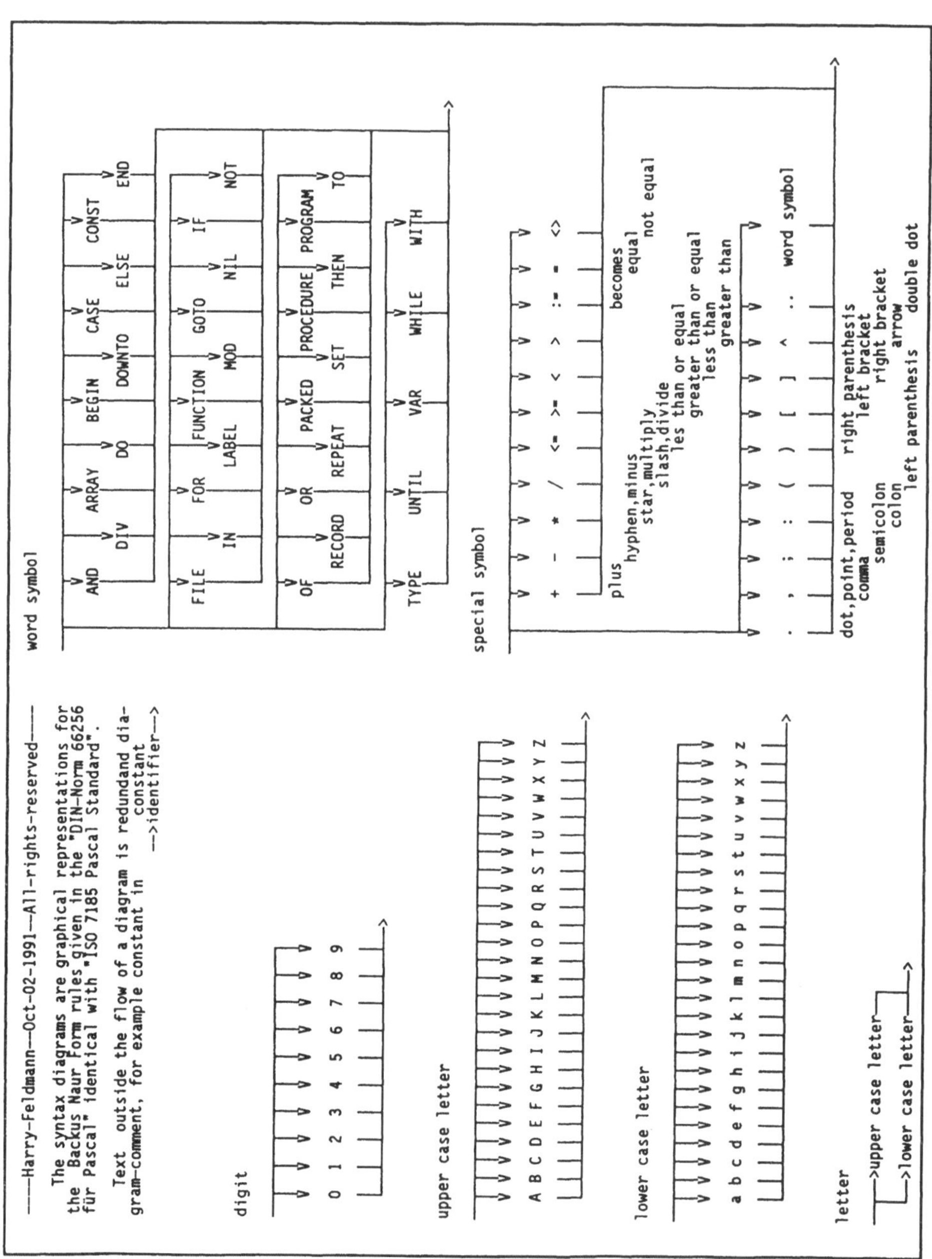

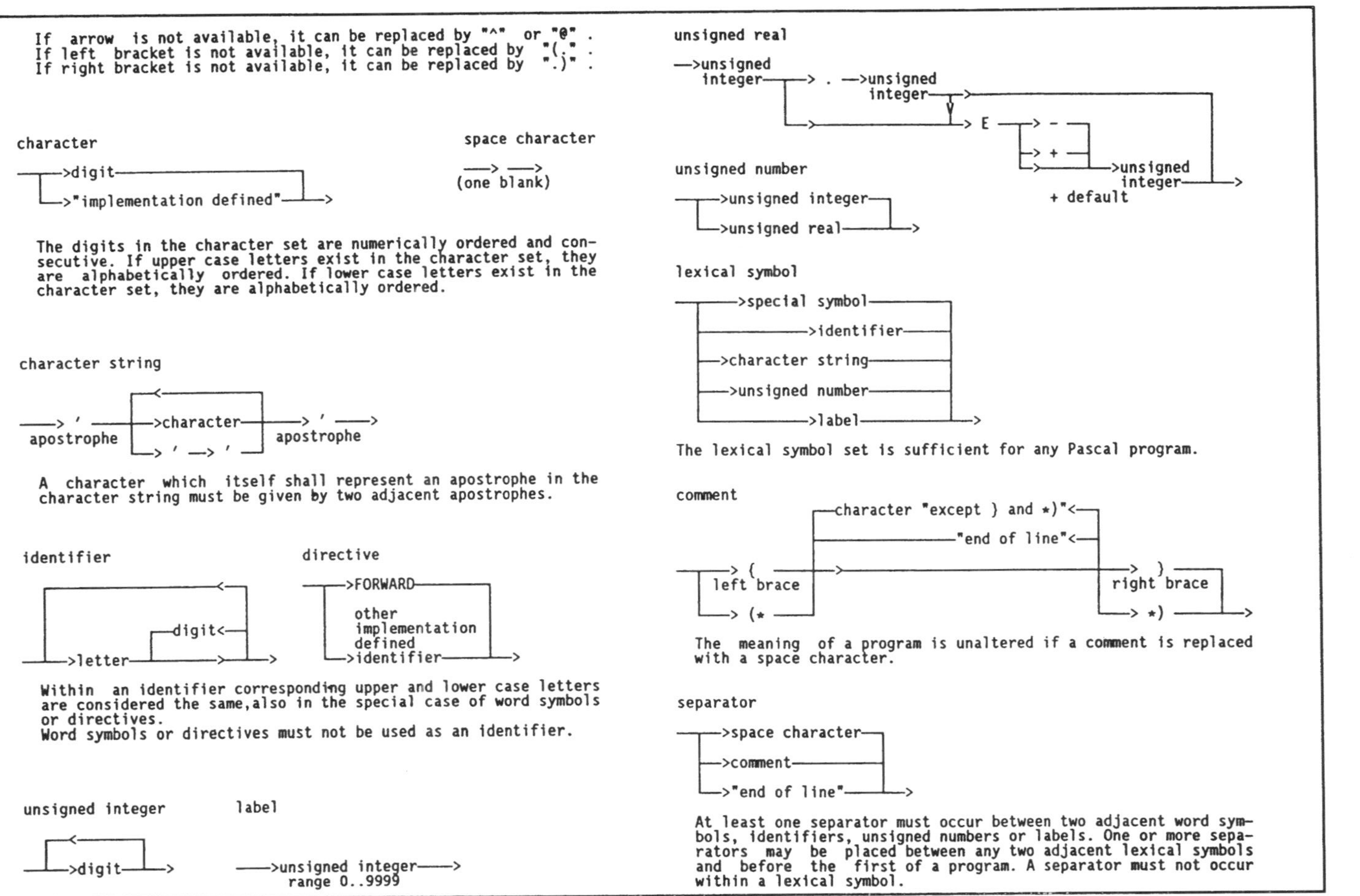

If arrow is not available, it can be replaced by "^" or "@" .
If left bracket is not available, it can be replaced by "(." :
If right bracket is not available, it can be replaced by ".)" .

character
—>digit—
—>"implementation defined"—>

space character
—> —>
(one blank)

The digits in the character set are numerically ordered and con-
secutive. If upper case letters exist in the character set, they
are alphabetically ordered. If lower case letters exist in the
character set, they are alphabetically ordered.

character string
—> ' —>character—> ' —>
apostrophe   —> ' —> '   apostrophe

A character which itself shall represent an apostrophe in the
character string must be given by two adjacent apostrophes.

identifier
—>letter—>
  —>digit<—

directive
—>FORWARD—
other
implementation
defined
—>identifier—>

Within an identifier corresponding upper and lower case letters
are considered the same,also in the special case of word symbols
or directives.
Word symbols or directives must not be used as an identifier.

unsigned integer
—>digit—>

label
—>unsigned integer—>
range 0..9999

unsigned real
—>unsigned
integer—> . —>unsigned
integer—> E —> -
—> +
—>unsigned
integer—>
+ default

unsigned number
—>unsigned integer—
—>unsigned real—>

lexical symbol
—>special symbol—
—>identifier—
—>character string—
—>unsigned number—
—>label—>

The lexical symbol set is sufficient for any Pascal program.

comment
character "except } and *)"<
"end of line"<
—> { —> } —>
left brace   right brace
—> (* —> *) —>

The meaning of a program is unaltered if a comment is replaced
with a space character.

separator
—>space character—
—>comment—
—>"end of line"—>

At least one separator must occur between two adjacent word symbols, identifiers, unsigned numbers or labels. One or more sepa-
rators may be placed between any two adjacent lexical symbols
and before the first of a program. A separator must not occur
within a lexical symbol.

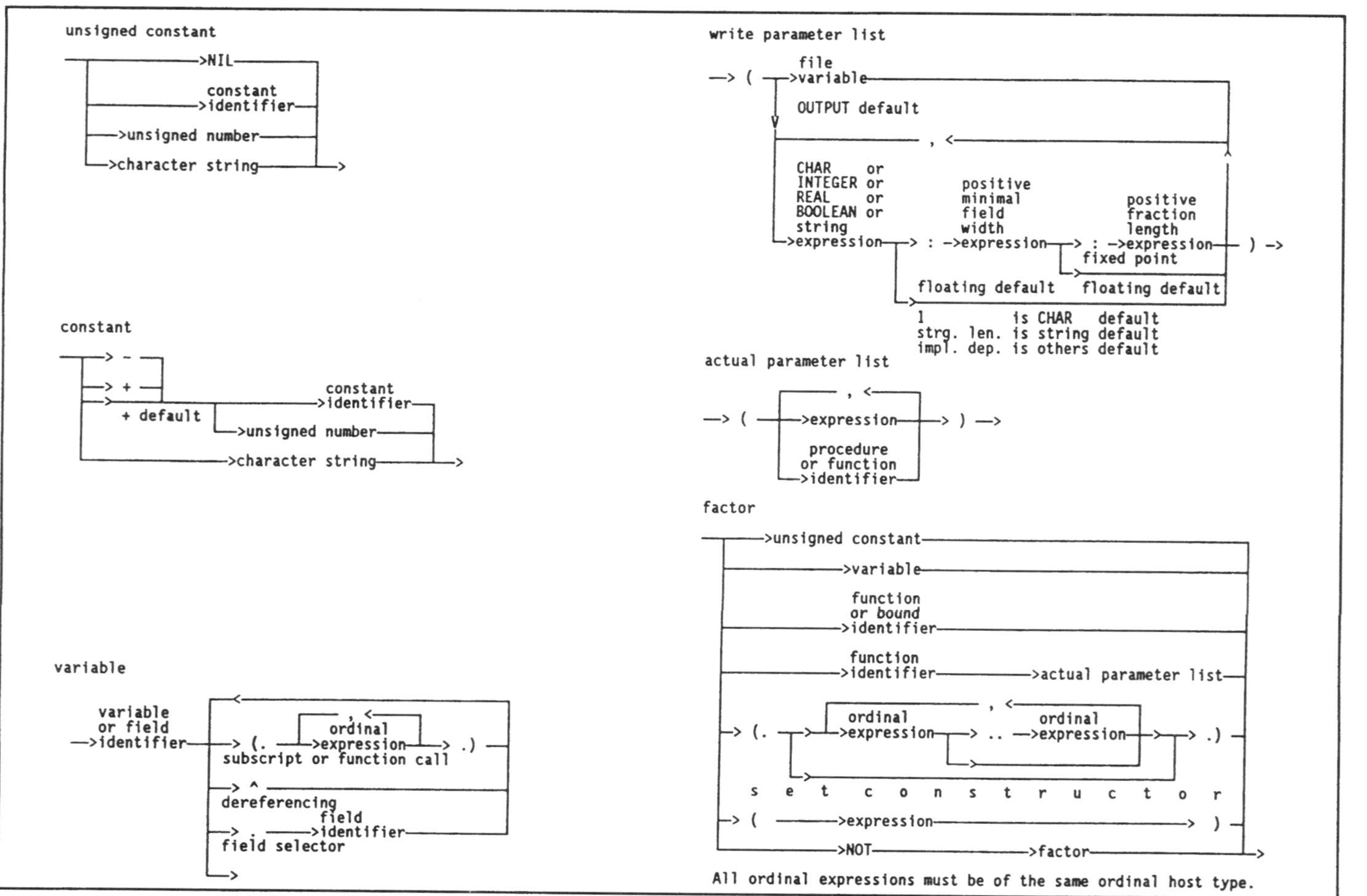

unsigned constant
—>NIL
constant
—>identifier
—>unsigned number
—>character string—>

write parameter list
file
—> (—>variable
OUTPUT default
, <
CHAR   or
INTEGER or   positive
REAL   or   minimal   positive
BOOLEAN or   field   fraction
string   width   length
—>expression—> : —>expression—> : —>expression—>) —>
fixed point
floating default floating default
l   is CHAR   default
strg. len. is string default
impl. dep. is others default

constant
—> -
—> +
—>
+ default
constant
—>identifier
—>unsigned number
—>character string—>

actual parameter list
, <
—> (—>expression—>) —>
procedure
or function
—>identifier

factor
—>unsigned constant
—>variable
function
or bound
—>identifier
function
—>identifier—>actual parameter list
ordinal   , <   ordinal
—> (. —>expression—> .. —>expression—> .)
s e t c o n s t r u c t o r
—> (—>expression—>)
—>NOT—>factor—>

variable
variable
or field
—>identifier
, <
ordinal
—> (. —>expression—> .)
subscript or function call
—> ^
dereferencing
field
—> . —>identifier
field selector
—>

All ordinal expressions must be of the same ordinal host type.

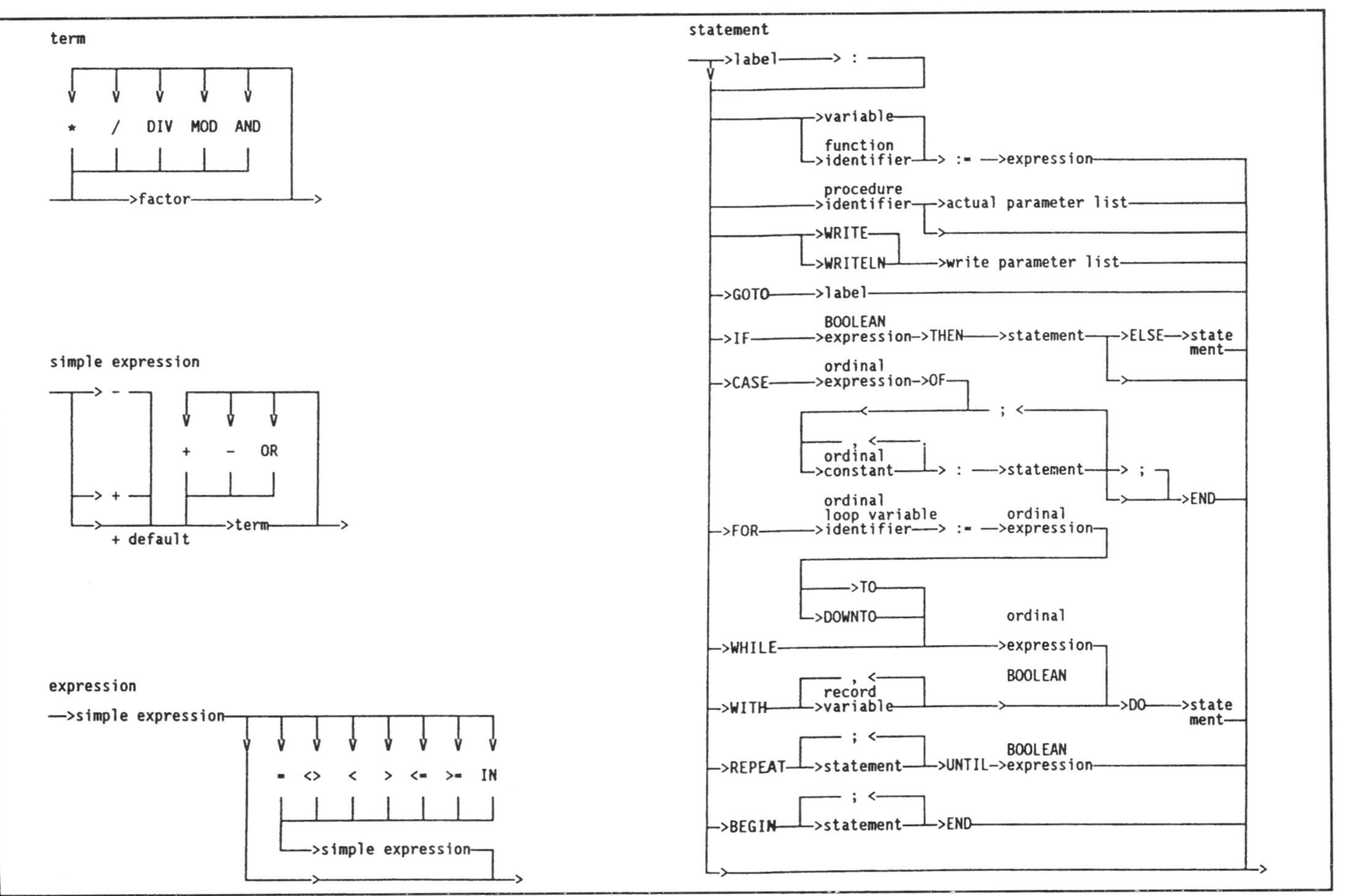

term
* / DIV MOD AND
>factor

statement
>label—> :
>variable
function
>identifier—> := —>expression
procedure
>identifier—>actual parameter list
>WRITE
>WRITELN—>write parameter list
>GOTO—>label
BOOLEAN
>IF—>expression—>THEN—>statement—>ELSE—>statement
ordinal
>CASE—>expression—>OF
; <
; <
ordinal
>constant—> : —>statement—> ;
>END
ordinal
loop variable   ordinal
>FOR—>identifier—> := —>expression
>TO
>DOWNTO
ordinal
>WHILE—>expression
; <
record   BOOLEAN
>WITH—>variable—>DO—>statement
; <   BOOLEAN
>REPEAT—>statement—>UNTIL—>expression
; <
>BEGIN—>statement—>END

simple expression
> -
+ - OR
> +
>term
+ default

expression
—>simple expression
= <> < > <= >= IN
—>simple expression

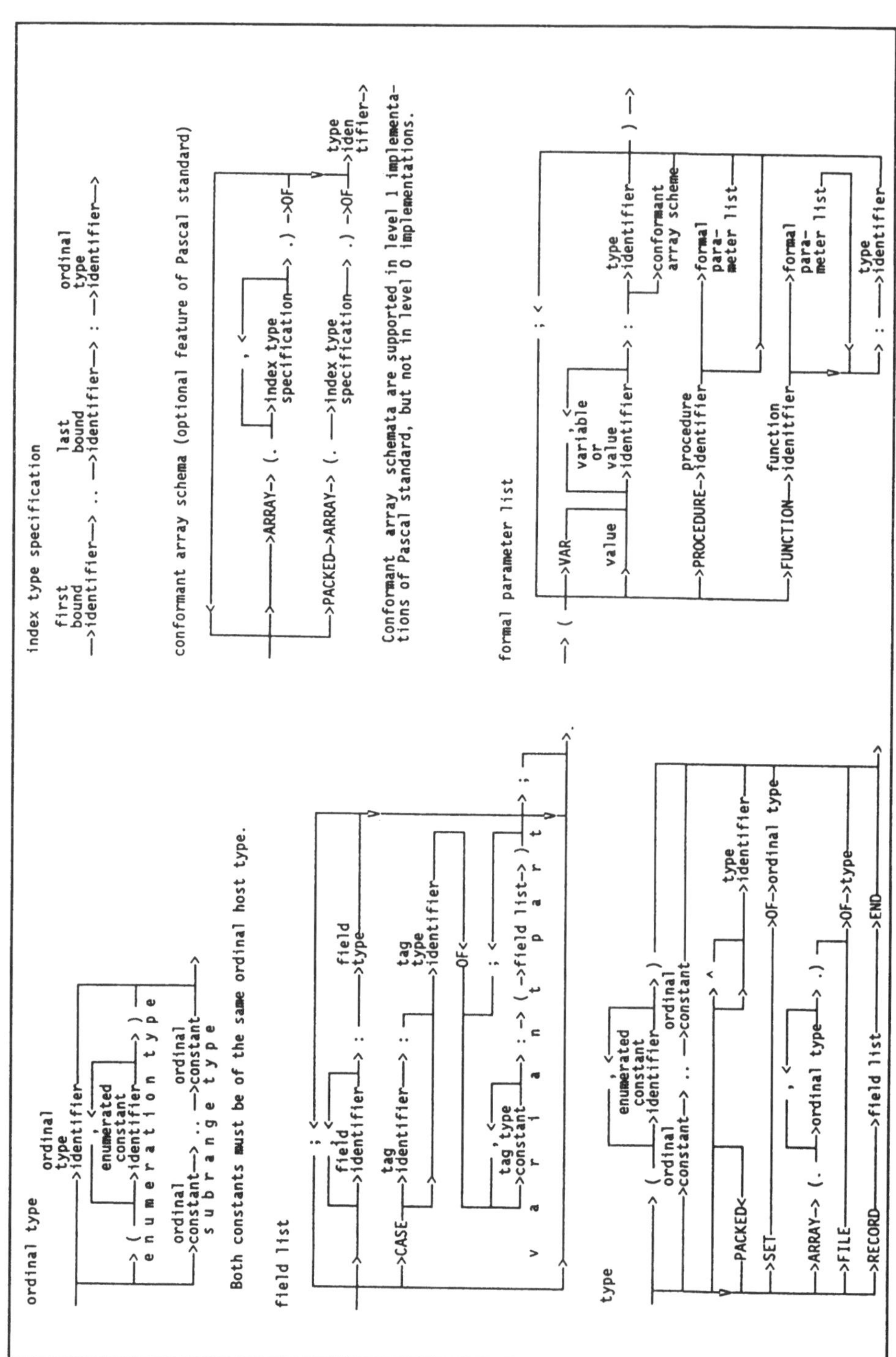
index type specification

first   last   ordinal
bound   bound   type
-->identifier--> .. -->identifier--> : -->identifier-->

conformant array schema (optional feature of Pascal standard)

-->ARRAY--> (. -->index type specification--> .) -->OF
-->PACKED-->ARRAY--> (. -->index type specification--> .) -->OF-->type
                                                            -->iden
                                                            tifier-->

Conformant array schemata are supported in level 1 implementations of Pascal standard, but not in level 0 implementations.

formal parameter list

--> (-->VAR-->variable
              or   value
              value-->identifier--> : -->type
                                       -->identifier-->) -->
              value   -->conformant
                                         array scheme
       -->PROCEDURE-->procedure
                     identifier-->formal
                                  para-
                                  meter list
       -->FUNCTION-->function
                    identifier-->formal
                                 para-
                                 meter list
                                 --> : -->type
                                        -->identifier-->

ordinal type

-->ordinal
   type
   -->identifier-->
   -->(-->enumerated
          constant
          -->identifier-->)
   e n u m e r a t i o n   t y p e
   -->ordinal   ordinal
      -->constant--> .. -->constant-->
   s u b r a n g e   t y p e

Both constants must be of the same ordinal host type.

field list

--> ; <
     -->field   field
        -->identifier--> : -->type
     -->CASE   tag
        -->identifier--> : -->tag
                            type
                            -->identifier-->OF<
                                              ; <
                            -->tag'type
                               -->constant--> : --> (-->field list-->) -->
                                                                         ; <
                               v a r i a n t   p a r t

type

--> (-->enumerated
         constant
         -->identifier-->)
     -->ordinal   ordinal
        -->constant--> .. -->constant-->
     -->type
        -->identifier-->
     -->^ -->ordinal type
     -->PACKED<
     -->SET -->OF-->ordinal type
     -->ARRAY--> (. -->ordinal type--> .) -->OF-->type
                    ; <
     -->FILE -->OF-->type
     -->RECORD -->field list-->END-->

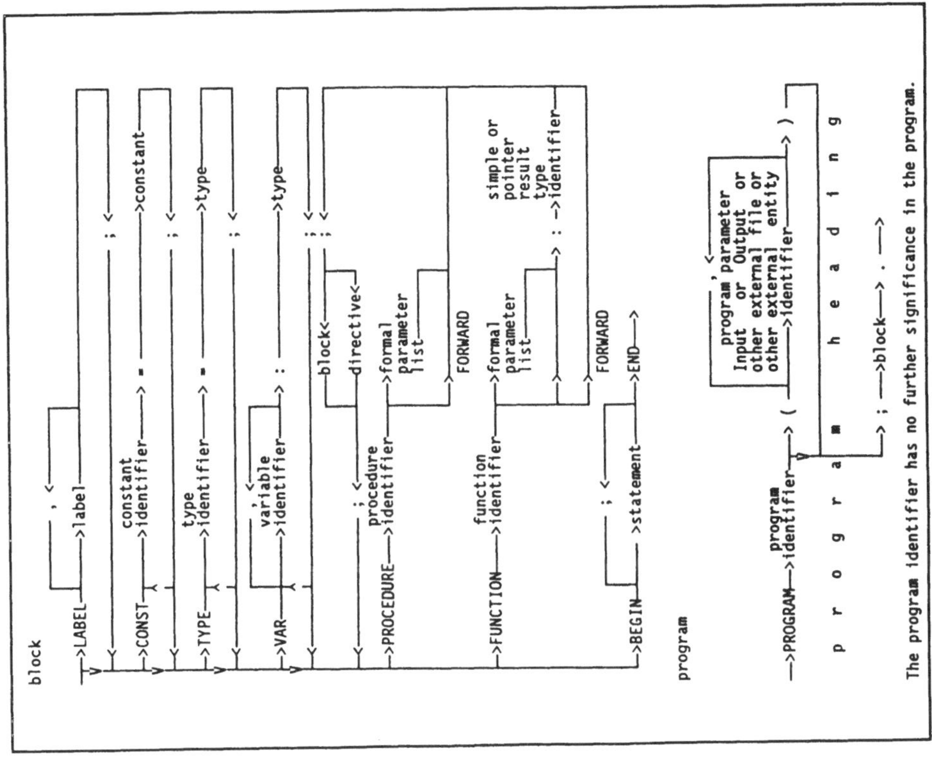

block
>LABEL
>label
,
;
CONST
constant
>identifier
=
>constant
;
TYPE
type
>identifier
=
>type
;
VAR
variable
>identifier
:
>type
,
;
;
>PROCEDURE
procedure
>identifier
block<
directive<
>formal
parameter
list
FORWARD
>FUNCTION
function
>identifier
>formal
parameter
list
: >
simple or
pointer
result
type
>identifier
FORWARD
>BEGIN
>statement
>END
;
program
>PROGRAM
program
>identifier
(
program, parameter
Input or Output or
other external file or
other external entity
>identifier
)
p r o g r a m   h e a d i n g
; >block .
The program identifier has no further significance in the program.

A.2 STANDARD-BIBLIOTHEK (Vordefinierte Vereinbarungen)

Im nachfolgenden Anhang A.2 findet der Leser eine Zusammenstellung von vordefinierten Sprachteilen.

Alle Standard-Größen sind in einem das Programm umfassenden, a priori vorhandenen Standard-Programm als vereinbart vorausgesetzt. Es ist durchaus erlaubt, diese globalen Standard-Größen im eigenen Programm lokal neu zu vereinbaren.

A.2.1 Standard-Konstanten

```
FALSE, TRUE, MAXINT
```

Außerdem gibt es die im Syntaxdiagramm A.1 als "constant" bezeichneten Zahlen- und String-Konstanten wie z.B. -2.7, 'Hallo' und die konstante Adresse der "Endstation", auf die NIL verweist.

A.2.2 Standard-Typen

```
INTEGER
```

> Its values are a subset of the whole numbers defined by individual implementations. Its values are the integers. Includes the set of integers having an absolute value less than or equal to the implementation-defined value MAXINT. For any integer I, ORD(I)=I.

```
REAL
```

> Its values are a subset of the real numbers depending on the particular implementation. The values are denoted by real numbers.

```
CHAR
```

> Its values are a set of characters determined by particular implementation. They are denoted by the characters themselves enclosed within quotes. Includes the set of digits '0', ..., '9' numerically ordered and consecutive. If the lower-case letters 'a', ..., 'z' or the upper-case letters 'A', ..., 'Z' are present, they each are alphabetically ordered (but not necessarily consecutive).

The standard type BOOLEAN is defined as follows:

```
TYPE BOOLEAN=(FALSE,TRUE)                    (Note that FALSE<TRUE)
```

The standard type TEXT is defined as follows:

```
TYPE TEXT=FILE OF CHAR
```

A.2.3 Standard-Operationen

In Pascal können vom Programmierer keine eigenen Operationen vereinbart werden. Daher ist es nicht möglich, wie in ALGOL_68 die nachfolgenden Standard-Operationen im Programm neu zu vereinbaren oder, wie in Ada zu "überladen".

A.2.3.1 Arithmetic Operations

Operator	Operation	Type of Operand(s)	Result Type
+ (unary) - (unary)	identity sign inversion	INTEGER or REAL	same as operand
+ (binary) - (binary) *	addition subtraction multiplication	INTEGER or REAL	INTEGER or REAL
	If both operands of the arithmetic operators of addition, subtraction and multiplication are of type INTEGER (or a subrange thereof), then the result is of type INTEGER. If one of the operands is of type REAL, then the result is also of type REAL		
/ DIV MOD	(real) division integer division modulo-remainder	INTEGER or REAL INTEGER INTEGER	REAL INTEGER INTEGER

Tab. A.2.3.1: Arithmetic Operations

A.2.3.2 Relational Operations

Operator	Operation	Type of Operand(s)	Result Type
= <>	equality inequality	simple or string or pointer or set	BOOLEAN
	P<>Q for BOOLEAN P, Q denotes "exclusive or".		
< >	less than greater than	simple or string	BOOLEAN
<=	less or equal set inclusion	simple or string set	BOOLEAN
	P<=Q for BOOLEAN P, Q denotes "implication".		
>=	greater or equal set inclusion	simple or string set	BOOLEAN
	All simple types define ordered sets of values.		
IN	set membership	first operand is ordinal of base type, second is set of base type	BOOLEAN

Tab. A.2.3.2: Relational Operations

A.2.3.3 BOOLEAN Operations

Operator	Operation	Type of Operand(s)	Result Type
NOT AND OR	negation conjunction disjunction	BOOLEAN	BOOLEAN

Tab. A.2.3.2: BOOLEAN   Operations

A.2.3.4 Set Operations

Operator	Operation	Type of Operand(s)	Result Type
+ − *	union difference intersection	set of T	set of T

Tab. A.2.3.4:   Set   Operations

A.2.3.5 Other 'Operations'

'Operator'	'Operation'	Type of 'Operand(s)'	Result Type
:=	assignment	assignable to variable of any type except file	none
(. , .) . ^ ^	variable accessing array indexing field selection identification buffer accessing	array record pointer file	compon.type field type domain type compon.type
(. , .) ' '	construction set construction string construct.	any set type T char	T string

Tab. A.2.3.5: Other   'Operations'

A.2.4 Standard-Funktionen

A.2.4.1 Arithmetic Functions

ABS(X)

> computes the absolute value of X. The type of X must be either REAL or INTEGER, and the type of the result is the type of X.

SQR(X)

> computes X*X. The type of X must be either REAL or INTEGER, and the type of the result is the type of X.

SQRT(X)

> computes the REAL nonnegative square root of X. The type of X must be either REAL or INTEGER, where $X> =0$.

SIN(X)

> computes the REAL sine of X. The type of X   must be either REAL or INTEGER, where X is in radians.

COS(X)

> computes the REAL cosine of X. The type of X must be either REAL or INTEGER, where X is in radians.

ARCTAN(X)

> computes the REAL arctangent (principal value) in radians of X. The type of X must be either REAL or INTEGER.

EXP(X)

> computes the REAL value of e (the base of natural loga- rithms) raised X. The type of X must be either REAL or INTEGER.

LN(X)

> computes the REAL natural logarithm (to the base e) of X. The type of X must be either REAL or   INTEGER, where $X>0$.

A.2.4.2 Boolean Functions (Predicates)

ODD(I)

> returns the value TRUE if I is odd; otherwise, FALSE. The type of I must be INTEGER.

EoF(F)

> returns the value TRUE when the "end of file" of the file F is reached; otherwise, FALSE.

EoF stands for EoF(INPUT).

"end of file" is reached, if the file is in generation mode, or if the file is in inspection mode and is positioned past the last component in its sequence.

EoLN(F)

> returns the value TRUE when an "end of line" of the textfile F is reached; otherwise, FALSE.

EoLN stands for EoLN(INPUT).

"end of line" is reached, if the textfile is in inspection mode and is positioned at an "end of line marker" and if not "end of file" is reached. "end of line" is undefined if "end of file" is reached.

Textfiles represent a special case among file types insofar as texts are substructured into lines by "end of line marker"s. These markers, not being elements of type CHAR, can only be generated by the procedure WRITELN.

A.2.4.3 Transfer Functions

TRUNC(X)

> returns the greatest integer less than or equal to X for X>=0.0, and the least integer greater or equal to X for X<0.0. The type of X must be REAL.
> (entspricht "Abschneiden").

ROUND(X)

> returns TRUNC(X+0.5) for X> =0.0, and   TRUNC(X-0.5)
> for X<0.0. The type of X must be REAL .
> (entspricht "Runden").

ORD(X)

> returns the nonnegative INTEGER ordinal number of the
> ordinal parameter X in the set of values defined by the
> type of X.

CHR(I)

> returns the character whose ordinal number is the nonne-
> gative INTEGER parameter I, if such a character exists.

A.2.4.4 Further Standard Functions

SUCC(X)

> returns the next ordinal value (successor) after the
> ordinal parameter X in the set of values defined by the
> type of X, if such a successor exists. Then
> ORD(SUCC(X))=ORD(X)+1.

PRED(X)

> returns the previous ordinal value (predecessor) before
> the ordinal parameter X in the set of values defined by
> the type of X, if such a predecessor exists. Then
> ORD(PRED(X))=ORD(X)-1.

A.2.5 Standard-Prozeduren

A.2.5.1 Dynamic Allocation Procedures

NEW(P)

> allocates a new identified (dynamic) variable P^ having
> the domain type of P and creates a new identifying poin-
> ter value having the type possessed by P and assigns it
> to P. If P^ is a variant record, NEW(P) allocates enough
> space to accomodate all variants.

```
NEW(P,T1,...,Tn)
```

> allocates a new identified (dynamic) variable P^ having the variant record type of P with tagfield values T1, .., Tn for n nested variant parts, and creates a new identifying pointer value having the type possessed by P and assigns it to P.

```
DISPOSE(P)
```

> deallocates an identified (dynamic) record variable P^ and destroys the identifying value P, if P is not NIL or undefined.

```
DISPOSE(P,T1,...,Tn)
```

> deallocates an identified (dynamic) record variable P^ and destroys the identifying value P, if P is not NIL or undefined and if the value P has been created by the long form of NEW and if T1, ..., Tn select the same variant selected when P was created.

A.2.5.2 Data Transfer Procedures

```
PACK(U,I,P)
```

> packs the context of the unpacked array U starting at element I into the packed array P.

```
UNPACK(P,U,I)
```

> unpacks the packed array P into the unpacked array U starting at element I in the unpacked array U.

A.2.5.3 File Handling Procedures

A file that is in inspection mode may be positioned at any component of the sequence of the file or at the "end of file position".

A file that is in generation mode is always positioned at the "end of file position". A variable (e.g. buffer F^) is totally undefined if it is undefined and further (in the case of a structured type) every component is totally undefined.

PUT(F)

>   appends the value of the buffer variable F^ to the end
>   of the sequence of the file F, if F^ is not undefined
>   and F is not undefined and in generation mode. Then F^
>   becomes totally undefined.

PUT stands for PUT(OUTPUT).

GET(F)

>   advances the position in the sequence of the file F to
>   the next component and assigns the value of this compo-
>   nent to the buffer variable F^, if F is not undefined
>   and EOF(F) is FALSE. If no next component exists, then
>   EOF(F) becomes TRUE, and F^ becomes totally undefined.

GET stands for GET(INPUT).

RESET(F)

>   resets the position in the sequence of the file F to its
>   beginning and places F in inspection mode. If F is not
>   empty the buffer variable F^ becomes the value of the
>   first component of the sequence and EOF(F) becomes
>   FALSE.   Otherwise F^ becomes totally undefined and
>   EOF(F) becomes TRUE. The effect of RESET(INPUT) or
>   RESET(OUTPUT) is implementation defined.

REWRITE(F)

>   replaces the sequence of the file F with the empty se-
>   quence and places F in generation mode. EOF(F) becomes
>   TRUE. The effect of REWRITE(INPUT) or REWRITE(OUT-
>   PUT) is implementation-defined.

PAGE(F)

>   causes the printer implementation-defined to skip to the
>   top of a new page before subsequently the textfile F may
>   be written (by other routines), if F is not undefined
>   and in generation mode. If F is not empty, and if the
>   last component of the sequence of the file F is not an
>   "end of line marker" then an implicit WRITELN(F) is
>   performed.

PAGE stands for PAGE(OUTPUT).

A.2.5.4 The Input-Procedures READ and READLN

The procedure READ can be used to read character strings from a textfile.

Let V1,V2,...,Vn denote variables of type CHAR, (compatible with) INTEGER or REAL, and let F denote a textfile.

```
1. READ(V1,...,Vn) stands for READ(INPUT,V1,...,Vn)
```

```
2. READ(F,V1,...,Vn) stands for
                    BEGIN READ(F,V1); ... ;READ(F,Vn) END
```

The procedure READLN is used to read and subsequently skip to the beginning of the next line.

The effect of READLN(F, V1, ..., Vn) is that after V1, ..., Vn are read from the textfile F, the remainder of the current line is skipped. However, the values of V1 ... Vn may stretch over several lines.

```
3. READLN stands for READLN(INPUT)
```

```
4. READLN(V1,...,Vn) stands for READLN(INPUT,V1,...,Vn)
```

```
5. READLN(F,V1,...,Vn) stands for
                BEGIN READ(F,V1);...;READ(F,Vn);READLN(F) END
```

```
6. READLN(F) stands for WHILE NOT EOLN(F) DO GET(F);GET(F)
```

The effect of READ(F, V) (with F not undefined and in inspection mode and EOF(F)=FALSE) depends on the type of V:

-- If the variable V is of type (compatible with) INTEGER, then the maximal sequence of characters, which represents a possible signed integer number according to the Pascal syntax, is read and assigned to V.

-- If the variable V is of type REAL, then the maximal sequence of characters, which represents a possible signed number according to the Pascal syntax, is read and assigned to V.

For both INTEGER or REAL, preceding spaces and "end of line markers" are skipped. Thus numbers must be separated by blanks or "end of file markers".

-- If the variable CH is of type CHAR, then

7. `READ(F,CH) stands for BEGIN CH:=F^;GET(F) END`

If EOLN(F) is TRUE before   READ(F,CH), then CH='' will be after.

The procedure READ can also be used to read from a file F which is not a textfile. Then

8. `READ(F,X) stands for BEGIN X:=F^;GET(F) END`

A.2.5.5 The Output-Procedures WRITE and WRITELN

The procedure WRITE can be used to write character strings onto a textfile.

Let P1, P2, ... , Pn be parameters consisting of an expression and optional format controls (see below) and let F be a textfile.

1. `WRITE(P1,...,Pn) stands for WRITE(OUTPUT,P1,...,Pn)`

2. `WRITE(F,P1,...,Pn) stands for`
   `                    BEGIN WRITE(F,P1);...;WRITE(F,Pn) END`

The procedure WRITELN is used to write and subsequently skip to the beginning of the next line.

The effect of WRITELN(F, P1, ..., Pn) is that after P1, ..., Pn are written to the textfile F, the current line is terminated. However, the values of P1, ..., Pn may may be written over several lines.

3. `WRITELN stands for WRITELN(OUTPUT)`

4. `WRITELN(P1,...,Pn) stands for WRITELN(OUTPUT,P1,...,Pn)`

5. WRITELN(F,P1,...,Pn) stands for
            BEGIN WRITE(F,P1);...;WRITE(F,Pn);WRITELN(F) END

6. WRITELN(F) stands for
                appending an "end of line marker"to the file F

Every parameter Pi must be of one of the forms:

            E   (see
            E:E1   syntax diagram A.1 for
            E:E1:E2   write   parameter   list)

    where E, E1, and E2 are expressions.

The effect of WRITE(F, P) (with F not undefined and in generation
mode and EOF(F)=TRUE) depends on the type of E and the optional
controls E1, E2

    E is the value to be written and may be of type CHAR, (compa-
    tible with) INTEGER, REAL, BOOLEAN, or it may be a string.

7. WRITE(F,E) stands for F^:=E;PUT(F)

    E1 - called the minimum field width - is an optional control.
    It must be a positive number and indicates the minimum number
    of characters to be written. In general, the value E is written
    with E1 characters (with preceding blanks). If E1 is "too
    small", more space is allocated. (Reals must be written with
    at least one preceding blank; however, this restriction does
    not apply to integer values.) If no field length is specified,
    a default value (implementation dependend) is assumed according
    to the type of the expression E.

    If the value E is of type BOOLEAN, then the words (standard
    identifier) TRUE or FALSE are written preceded by an appropri-
    ate number of blanks.

    E2 - called the fraction length - is an optional control and is
    applicable only when E is of type REAL. It must be a positive
    number and specifies the number of digits to follow the decimal
    point. (The number is then said to be written in fixed-point
    notation.) If no fraction length is specified,   the value is
    printed in decimal floting-point form.

The procedure WRITE can also be used to write onto a file F that
is not a textfile. Then

8. WRITE(F,X) stands for BEGIN F^:=X;PUT(F) END

A.2.6 Standard-Dateien

These two files are predeclared as

$$VAR\ INPUT,OUTPUT:TEXT$$

The occurence of INPUT or OUTPUT in the program heading has
the effect of implicitly declaring the identifier to be a textfile
in the program block, and implicitly performing a   RESET(INPUT)
or   REWRITE(OUTPUT) at the commencement of each activation of
the program.

Übg ÜBUNGSAUFGABEN

Die Übungsaufgaben sind nach dem internationalen ACM-Index A, .., X geordnet, mit ihrem jeweiligen Schwierigkeitsgrad l=leicht, m=mittel, s=schwer, ss=sehr-schwer gekennzeichnet und mit Hinweisen (vgl. Skript) auf ähnliche Aufgaben im Skript versehen. Außerdem wird im Literaturverzeichnis eine Auswahl von Aufgabensammlungen mit programmierten Lösungsalgorithmen genannt.

Der Leser möge sich aus der Vielzahl der Aufgaben die ihn besonders interessierenden Aufgaben heraussuchen oder besser noch, Varianten oder eigene Aufgaben daraus selbst entwickeln, und dann Lösungsalgorithmen programmieren.

Arithmetik

m A1 "Römische Zahlen", d.h. Konvertierung

a/b) einer natürlichen Zahl vom Dezimalsystem ins stellenfreie (bzw. nicht stellenfreie) römische Zahlsystem, z.B. 9 in VIIII oder IIIIV oder IIVII (bzw. IX), oder

c/d) einer nat. Zahl vom stellenfreien (bzw. nicht stellenfreien) römischen Zahlsystem ins Dezimalsystem.

m A1 "Arabische Zahlen", d.h. Konvertierung

a) einer nat. Zahl vom Dezimal-System in ein beliebiges k-Ziffern Stellensystem (k ungleich 10) oder

b) einer nat. Zahl von einem beliebigen k-Ziffern-Stellensystem (k ungleich 10) ins Dezimalsystem oder

s c) einer nat. Zahl von einem beliebigen k1-Ziffern-Stellensystem über das Dezimalsystem in ein beliebiges k2-Ziffern-Stellensystem.

m A1 "Wiederholte Quersumme" einer nat. Zahl, z.B. WQS(789)=6, etwa mit Funktionen zehner(n), einer(n), quer(n), mehr(n).

Bestimme zu n nat. Zahlen :
m A1 das "kleinste gemeinsame Vielfache" oder/und
m A1 den "größten gemeinsamen Teiler" (vgl. Skript).

l A1 "Primzahlvorkommen" (vgl. Skript), d.h.

a) Tabelle der Anzahl k(n) der Primzahlen 2,3,5,7,11,13,17,19,...,n , n < 500 , oder

b) Tabelle der Anzahl k2(n) der Primzahlzwillinge (2,3),(3,5),(5,7),(11,13),(17,19),...,(n,n+2), n<1000 .

1 A1 "Primzahlteppich" (vgl. Skript),

  a) Primzahl-Vorkommen < 5 000 notiert mit "P" für
    "Primzahl" und mit "." für "keine Primzahl",
    nur für ungerade Zahlen, oder

  b) Primzahlzwilling-Vorkommen < 10 000 notiert mit "Z" für
    "Primzahlzwilling" und mit "." für "kein Primzahlzwilling".

m A1 Tabelle der "Pythagoräischen Zahlentripel" < 100.

Polynome

m C2 "Newton'sches Iterationsverfahren" (vgl.Skript), d.h.
    x(n+1): =x(n)-f(x(n))/f'(x(n)), n=0,1,2,..., f'(x(n))/=0,

  a) Berechnung der n-ten Wurzel aus a (n> =2 ganz, a reell),
    f(x)=x hoch n - a, f'(x)=n * x hoch (n-1), oder

  b) Bestimmung einer Nullstelle einer beliebigen reellen Fkt.,
    f(x), f'(x) gegebene Unterprogramme.

m C2 Lösung der reellen "quadratischen Gleichung":

  a) x*x + p*x + q = 0 (Normalform, komplexe Lösungen) oder

  b) a*x*x + b*x + c = 0 (Allg. Form, a=0,b=0 berücksichtigen).

s C2 Lösung der "kubischen Gleichung" in allgemeiner Form
    (Cardani'sche Formel).

Differentiation/Integration

m D1 "Numerische Integration":

  a) nach Simpson oder
s b) nach einer höheren Formel, z.B. nach Romberg.

  D2 "Numerische Lösung gewöhnlicher Differentialgleichungen":

m a) mit gegebenen Anfangswerten nach Runge Kutta oder

s b) nach einem höheren Verfahren, z.B. predictor-corrector.

s D3 " Numerische Lösung partieller Differentialgleichungen"
    mit gegebenen Randwerten nach einem Differenzenverfahren.

Interpolation/Approximation/Analyse

s E2   "Kurven-Interpolation", z.B. durch kubische Splines.

s E2   "Fourier-Analyse" einer periodischen, stückweise monotonen,
       stückweise stetigen Funktion f mit f(x)=f(x+w),

```
                  unendl
   f(x) = a0/2 + SUMME (ak*cos(k*w0*x)+bk*sin(k*w0*x))  .
                  k=1
```

Bestimmung der ersten 5 Koeffizienten ak,bk (k=1,...,5).

Matrizen, Vektoren, lineare Systeme

m F1   Bestimmung des "Winkels zwischen zwei Vektoren"
       (allgemein für Dimension n).

l F1   "Prüfung ganzzahliger Matrizen" A,B auf

   a) AA'=A'A (Transponierte A'), d.h. "A normal"   oder
   b) AA'=E   (Einheitsmatrix E), d.h. "A orthogonal" oder
   c) AB=BA   , d.h. "A,B kommutativ".

s F3   Berechnung der "Determinante einer quadrat. reell. Matrix":

   a) durch Entwicklung nach Zeilen oder Spalten oder

   b) durch Transformierung auf Dreiecksform (z.B.nach Gauß) oder

   c) nach Formel det(a1,...,an)=SUMME sign(p1,...,pn) a1p1..anpn
      wobei über alle Permutationen (p1,...,pn) der Ziffern
      (f1,...fn) zu numerieren ist.

s F4   Lösung eines "linearen Gleichungssystems":

   a) nach Gauß oder
   b) nach einem Verfahren mit Pivot-Suche oder
   c) nach einem Iterationsverfahren (z.B. Einzelschritt-Verf.)

Statistik/Wahrscheinlichkeit

m G1   Berechnung von Mittelwert, mittlerer Streuung sx,sy und
       "Korrelationskoeffizient" r aus (x1,...,xn) , (y1,...,yn) :

$$\bar{x} = 1/n*\text{SUMME}_{k=1}^{n} xk \quad , \quad sx = \text{Wurzel}(1/(n-1)*\text{SUMME}_{k=1}^{n} (xk-\bar{x})\text{hoch } 2),$$

$$r = 1/((n-1)*sx*sy) * \text{SUMME}_{k=1}^{n} (xk-\bar{x})*(yk-\bar{y}) \qquad (n>=2).$$

m G1   Ermittlung der "Häufigkeit von Zeichen" (vgl. Skript) in
       Texten (häufigste Buchstaben in Deutsch "enristdha") oder
       "Häufigkeit von Zeichenfolgen", z.B. au,ei,eu,ie .

m G1   "Fußballmeisterschaft", d.h. jeder Verein spielt gegen je-
       den anderen genau einmal; ein Sieg gibt 2 Punkte, ein Un-
       entschieden 1 Punkt; bei Punktgleichheit entscheiden die
       Tordifferenzen aller geschossenen und erhaltenen Tore;
       sind auch die gleich so ergeben sich gleiche Plazierungen.

s G1   "Sitzverteilung", d.h.

   a) d'Hondt'sches Höchstzahlverfahren oder
   b) andere Verfahren zur Auszählung von Sitzverteilungen aus
       Stimmmverteilungen

m G5   Pseudozufälliges (RANDOM vgl.Skript) Fortbewegen in einem
       ebenen Gitternetz:

   a) "Zufallsweg", jeweils zu einem der 4 (8) Nachbarpunkte oder
   b) "Stadtbummel", wie a), jedoch nicht zu bereits vorher
       besuchten Nachbarpunkten.

s G5   "Roulette-System", d.h. man simuliere eine systematische
       Spielweise (z.B. Setzen fortlaufend auf Rot mit Verdoppeln;
       Neuanfang nach Gewinn oder bei Verluststrähne) und bestimme
       den "Verdienst" pro Stunde in Abhängigkeit von der
       mittleren Spieldauer, vom Einsatzlimit und vom Anfangskapi-
       tal (ohne Anspruch auf sichere statistische Aussage).

s G5   "Monte Carlo Methode" d.h.

   a) z.B. Bestimmung von pi/4 durch Bildung von Zufallszahlen-
       paaren (0,0)<=(a,b)<=(1,1) und Division durch Anzahl güns-
       tiger Fälle f(a,b) = a*a+b*b-1 <= 0 (im Viertelkreis) durch
       Anzahl aller Fälle (im Quadrat) oder
   b) andere Flächenbestimmungen, z.B. f(a,b) = a*a*a-a*b+b*b*b .

Permutation/Kombination

m G6   "Geldbetrag-Varianten", d.h. Auszahlungsmöglichkeiten eines
       bel. Geldbetrags in Scheinen und Münzen.

m G6 "Siebzehn-und-Vier", d.h.

   a) Aufzählung aller Skat-Karten-Kombinationen deren Werte in der Summe 21 ergeben.

ss b) Reales Spiel mit Zufallszahlengenerator und Menu-Abfrage.

s G6 "Cliquenbildung", d.h. gegeben ist eine Menge von (z.B. 20) Personen, von denen jede Person eine gewisse Anzahl von anderen Personen näher kennt.Gesucht sind alle Teilmengen von Personen, in denen jede Person jede andere näher kennt.

m G6 "Codierungsvergleich" , d.h. Prüfung zweier Ketten natürlicher Zahlen darauf, ob sie (verschiedene) Codierungen der Art "jedes Zeichen aus dem Zeichenvorrat entspricht genau einer Zahl aus einer Teilmenge der nat.Zahlen"sein könnten.

s G6 Bestimmung der "lexikographisch nächsten Permutation" (z.B. Backtracking, vgl. Skript).

s G6 "Potenzmenge" d.h. Aufzählung (z.B. Backtracking, vgl. Skript) aller Teilmengen

   a) einer endlichen Menge oder
   b) einer aufzählbar unendlichen Menge.

s G6 "Diagonalverfahren", d.h. Aufzählen von 500 Elementen der Menge $N*N = (1,2,3,...)*(1,2,3,...) = ((1,1),(2,1),(1,2),...)$ (auch Formel existiert).

Operations Research/Optimierung/Spiele/Simulations-Modelle

   H1 "Optimierungsaufgaben":

s a) lineare Optimierung mit Simplex-Verfahren,
ss b) sonstige Optimierung, Anwendungen auf Netze, Graphen etc.

ssH2 Simulation paralleler Prozesse (vgl. Ada Skript):

   a) "Hindernis-Rennen", mit Pferden (Transit-Individuen) und Rennbahn-Hindernis-Strecken (Transit-Stationen), z.B. nach Muster des englischen Grand-National.
   b) "Kapazitätsplanung", z.B. Produzenten/Konsumenten, Häfen/ Schiffe.
   c) "Fabrik", z.B. Hochofen, Zeitungsdruck, Automobilwerk.

   d) "Absatzprognose" bei unterschiedlichem Konsumentenverhalten
   e) "Verkehrsnetz", z.B. Kreuzung mit Ampeln, Fahrstuhl, Zoll-Station, Fähre.

l H3 "Pfänderspiel", d.h. Ausdrucken der nat. Zahlen von 1 bis
      100 ohne Zahlen, die 7 als Ziffer enthalten oder durch 7
      teilbar sind.

   H3 Skat-"Karten Vorsortieren", so

l a) daß sie geordnet aufgeblättert (Drucker) werden oder
s b) wie a), jedoch wird immer eine Karte aufgedeckt und eine
      unter den Stapel geschoben.

m H3 "Abzählspiel", d.h. von n Personen wird durch Abzählen jede
      m-te ausgeschieden (und nicht mehr mitgerechnet). Welche
      bleibt übrig ?

ssH3 Minimax-Methode (vgl. Skript) :

   a) "Schach" , Bewertungen, Zug-Verzweigungen.
   b) "Reversi", Bewertungen, Zug-Verzweigungen.

   H4 Backtracking-Algorithmen (vgl. Skript) :

s a) "Labyrinth", d.h. suche alle Wege vom Start zum Ziel.
   b) "Travelling Salesman (Rundreise-Problem)", d.h. suche die
      kürzeste Rundreise durch n Städte (n< =10).
   c) "Ziege-Wolf-Kohlkopf" Fährtransport-Problem.
   d) "8-Königinnen-Problem",d.h. plaziere 8 Königinnen auf einem
      Schachbrett so, daß sie sich nicht gegenseitig bedrohen.
   e) "Springer-Rundreise" auf einem (kleineren 6*6) Schachbrett.

   H4 "Verpackungsproblem", d.h.

m a) Bestimme für ein Paket die benötigte Länge Packpapier (ab-
      hängig von Papierbreite) u. die benötigte Länge Packschnur.
ss b) Packe eine gegebene Menge von Gegenständen (vereinfacht
      2-dimensional, vereinfacht Quadrate) in möglichst wenige
      (vereinfacht einen) gegebene Kartons (vereinfacht Quadrat).

ss H4 Sonstige "Puzzle"-Spiele.

Ausgabe/Graphik

m J0 "Print-Plot" mit Tastatur-Zeichen (ggf. Datei-Verarbeitung)

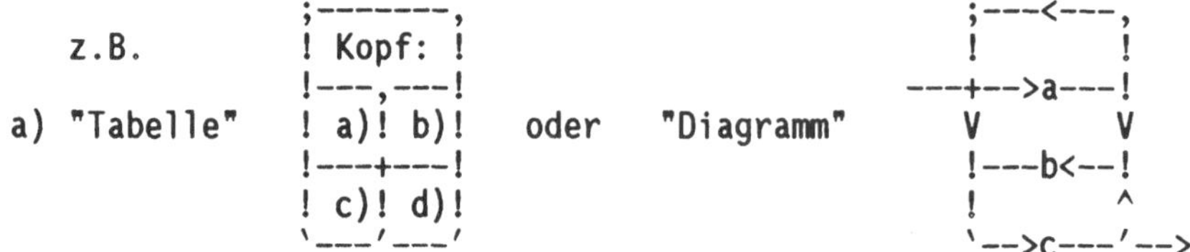

b) "Kurvendarstellung", z.B. gegeben als Unterprogramm oder
c) "Vergrößerung", "Dehnschrift" (jede Spalte doppelt) oder
   "Kursivschrift" von Buchstaben als Punktmatrizen oder
d) "Firmenwappen" im Briefkopf

s J0 "Stammbaum Zeichnen" (Baumstruktur, vgl.Skript), z.B:
      Eingabe:

```
          Meier,Inge  ,10,
          Meier,Hans  ,40,Vater   von Meier,Inge  ,10
          Meier,Klaus ,70,Vater   von Meier,Hans  ,40
          Lang ,Rita  ,65,Mutter  von Meier,Hans  ,40
          Kurz ,Hanne ,35,Mutter  von Meier,Inge  ,10
          Voss ,Carmen,60,Mutter  von Kurz ,Hanne ,35
      Ausgabe:
          Meier,Inge  ,10-,->Meier,Hans  ,40-,->Meier,Klaus ,70
                         !                      `->Lang ,Rita  ,65
                      `->Kurz ,Hanne ,35-,
                                         `->Voss ,Carmen,60
```

  J0 "Menu-Technik", d.h. Ablaufsteuerung,
m a) mit einfachen Abfragen und einfachen Ausdrucken oder
s b) mit hierarchisch tief gestaffelten Abfragen und Print-Plot-
     Ausdrucken (s.oben).

  J0 "Window-Technik", d.h. Fenster-Technik,
s a) mit einfachem Fenster in Print-Plot-Darstellung oder
ss b) mit mehrfach überlappenden Fenstern, maschinenabhängig.

  J6 "Graphik",d.h. Zeichnen (Display-HardCopy,Drucker,Plotter),
     maschinenabhängig,
m a) einfache Darstellungen oder
s b) aufwendige Darstellungen (z.B. Kurvenschaaren,Schatten,3D)

Datenverarbeitung

l M1 Einrichten von Dateien (Ausgabe siehe oben) z.B. mit

  a) "Plausibilitätskontrolle" für Eingabedaten, oder

  b) "Formattierung" von Eingabedaten.

  M1 Sortieren (von n Elementen, vgl. Skript):
m   Elementar-Verfahren, die ca. n*n Vergleiche benötigen:

  a) "Sortieren durch Minimum/Maximum-Suche " (vgl. g,h) oder

  b) "Sortieren durch Nachbar/Vorgänger-Tausch" (vgl. d,e) oder s   Binär-Verfahren, die ca. n*log2(n) Vergleiche benötigen:

  c) "Merge-Sort"(J.von Neumann,1950),geordnetes Mischen bereits
     geordneter Mengen, rekursiv, beginnend mit Einermengen oder

  d) "Shell-Sort" bzw. "Binary-Bubble-Sort" (D.L.Shell, 1950),
     Distanzpaar-Tausch mit fortlaufender Distanz-Halbierung oder

  e) "Quick-Sort" (C.A.R.Hoare,1960),rekursives Aufteilen in ein
     mittleres (oder mehrere gleiche mittlere), in kleinere und
     in größere Elemente, endend mit Einermengen oder

  f) "Bin-Sort" bzw."Heap-Sort" (J.Williams, 1964), rekursiver
     Aufbau eines geordneten binären Baums, anschließend
     Traversierung des Baums oder

  g) "stellenweises Sortieren" beginnend mit Einerstelle oder

m   Hash-Verfahren, die nur ca. n Vergleiche benötigen,z.B.:

  h) "Sortieren durch Spreizung" (benötigt i.a. viel Speicher),
     d.h. ordnungstreue Abbildung auf ein endliches ganzzahli-
     ges Intervall und Auszählen der Häufigkeiten.

ssM1 "Dateien Sortieren",

  a) sequentielle Dateien, insbes. Index-freie Verfahren c,f

  b) direkte Dateien, insbesondere Index-Verfahren d,e

 M1 Suchen (eines bestimmten aus n Elementen, vgl. Skipt), z.B.

    Elementar-Verfahren, die ca. n Vergleiche benötigen:

l a) "Durchsuchen", oder
m b) "Verknüpftes Suchen", d.h. Suchen mit vorgegebenen
     Deskriptor-Verknüpfungen, z.B. "blond und weiblich", oder

m c) "KFZ-Suche", d.h. Aufsuchen aller registrierten Kraftfahr-
     zeuge, deren Nummer mit einer unvollständig erkannten
     KFZ-Nummer übereinstimmt.

m   Binär-Verfahren, die nur ca. log2(n) Vergleiche benötigen:

  d) "Heiß oder Kalt", d.h. binäres Suchen eines Elements in
     einer geordneten Menge, z.B. lexikalische Suche.

s M1 "In Dateien Suchen",

  a) sequentielle Dateien, insbes. Elementar-Verfahren a ,
  b) direkte Dateien, insbesondere Binär-Verfahren d .

Logik/Symbolik

s R1   Formel-Manipulation (vgl. Skript, Baumstrukturen):

a) Konvertierung von Formeln aus Infix-Notation, d.h. normaler
   Notation, z.B. (a+b)*c , in Präfix-Notation, d.h. polnische
   "Lukasiewicz-Notation", z.B. *+abc, oder

b) sonstige Formel-Manipulationen wie z.B. Differenzieren,
   Integrieren, algebraische Umformungen.

Spezielle Funktionen

m S3   100-stellige "Fakultät"-Tabelle $f(n)=n!$ (n nat. Zahl,
   $f= 10^{90}*f9+10^{80}*f8+...+10^{10}*f1+f0$, array aus 10 Zahlen).

m S3   Binomialkoeffizienten n ueber k als "Pascal'sches Dreieck"

m S21   "Umfang einer Ellipse" mit den Hauptachsen a,b.

Geologisch/Astronomische Anwendungen

l T3   "Kalender" (vgl. Skript):

a) Tabelle der Datumszahlen und der zugehörigen Wochentage.

m b) Bestimmung des Datums des Osterfestes.

Ingenieurwissenschaftliche Anwendungen

l T4   "Bremsweg" eines Kraftfahrzeuges als Tabelle in Abhängigkeit von der Geschwindigkeit und der Bremsbeschleunigung.

m T4   "Fahrplan" eines Verkehrsmittels.

m T4   "Verfolgungsfahrt", d.h. nach welcher Zeit überholt Fahrer
   A (Geschwindigkeit a) den Fahrer B (Geschwindigkeit b),wenn
   sie mit 1/2 Runde (Länge R) Abstand gleichzeitig starten?

s T4 "Sicherheitsabstand", d.h. auf einem Polizeifoto sind die
      Bildabstände vom Hinterrad des hinteren Fahrzeuges bis zu
      seinem Vorderrad, bis zum Hinterrad des vorderen Fahrzeugs
      und bis zum perspektivischen Fluchtpunkt messbar. Wie groß
      war der Originalabstand vom Vorderrad des hinteren Fahrzeu-
      ges bis zum Hinterrad des vorderen Fahrzeugs, wenn der Ori-
      ginal-Radabstand des hinteren Fahrzeuges bekannt ist?

Kommerzielle Anwendungen

   T5   "Netto - Gehalt " , Berechnung aus dem Bruttogehalt, oder
        "Einkommensteuer" , Berechnung aus dem Einkommen   ,

l a) nach vereinfachter Formel,
s b) realistisch nach gesetzlicher Steuertabelle etc.

l T5   "Abschreibungsplan" bis zur Amortisation, degressiv/linear.

l T5   "Geldbetrag-Auszahlung", d.h. Auszahlen eines beliebigen
       Geldbetrages mit möglichst wenig Scheinen und Münzen.

l T5   "Kapitalvermehrung", A Anfangskapital, p % Zinsen, n Jahre,

   a) Tabelle des Endkapitals E(p,n) (p=2,3,4,5,6, n=1,2,..,20)
       für A=1000 DM, oder
   b) Tabelle des nötigen Anfangskapitals A(p) (p=0.5,1.0,..20.0)
       für ein Endkapital E=1000 DM nach 20 Jahren, oder

   c) Tabelle des heutigen Endkapitals E(p) (p=0.1,0.2,...,?) für
       einen Pfennig angelegt im Jahre 0 (innerh.einf.Genauigkeit)

l T5   "Darlehen", d.h. Rückzahlung mit festen

   a) % Zinsen und % Tilgung
   b) % Zinsen und Annuität (=Zinsbetrag+Tilgungsbetrag)

l T5   "Ausgabe-Kurs" bestimmt

   a) Effektivzins eines Darlehens
   b) Rendite eines Wertpapiers

   T5   "Aktien-Spekulation", d.h.

m a) Nachträgliche Bestimmung des besten Einkaufs- und Verkaufs-
        tags und des Gewinns für eine Aktie oder
s b) Erprobung eines vereinfachten Aktien-Spekulationsprogramms.
ss c) Erprobung eines Spekulationsprogramms mit realen Aktien-
        Kursen, -Dividenden , mit Makler-Courtage , -Provision ,
        -Spesen und mit Börsen-Umsatzsteuer.

s T5 "Aktien-Dividende/Steuer", d.h. Dividenden-Berechnung mit
      Versteuerung bei Aktien - Gesellschaft und Versteuerung/
      Erstattung beim Aktionär.

  T5 "Address-Datei", "Vereinsliste", "Geburtstagsliste" oder
      "Speisekarte", d.h

m a) Aktualisierung (Zugänge, Abgänge) der Datei , mit einfacher
      Ausgabe, oder

s b) wie a), jedoch mit "Plausibilitätskontrollen" (siehe dort)
      und mit Ausgabe in "Tabelle"nform (siehe dort).
ss c) wie a), jedoch mit Statistik (z.B. Lebensalter, Mitglieds-
      dauer), mit Beitrags-"Rechnungsstellung" (siehe dort), mit
      komfortabler Ausgabe in "Tabelle"nform (siehe dort).

  T5 "Rechnungsstellung" (vgl. Skript) z.B.

m a) Rechnungsstellung mit z.B. Materialwert-Datei und/oder
      Arbeitswert-Datei oder
s b) wie b), jedoch mit "Address-Datei" und Ausgabe als
      "Tabelle" (siehe dort).

m T5 "KFZ-Verbrauchsabrechnung" aus Fahrt/Instandhaltungskosten.

  T5 "Umsätze und Provisionen", z.B.

m a) Umsatz- und Provisions-Berechnung mit Umsatz-Datei und/oder
      Provisions-Datei und einfacher Ausgabe, oder

s b) wie a), jedoch z.B. Unterteilung in Vertriebsgebiete , Ver-
      gleich zum Vorjahrsergebnis, mit Vertreter-"Address-Datei"
      (siehe dort) und Ausgabe als "Tabelle" (siehe dort).

  T5 "Lagerhaltung",

s a) mit Artikel- und Bestell- Datei und ggf. weiteren Dateien,
      zur Abwicklung der Kunden-Bestellungen und zur rechtzeiti-
      gen Nachbestellung beim Lieferanten.
ss b) wie a), jedoch mit Kosten-Minimisierung.

  T5 "Auftragsabwicklung", z.B.

m a) einfache Direkt-Abwicklung mit Artikel-Datei, oder

s b) einfache turnusmäßige Abwicklung mit Artikel- und Bestell-
      Datei, mit Protokoll als "Tabelle" , mit Kunden - "Address-
      Datei" und Kunden-"Rechnungsstellung" (siehe dort).

ss c) wie b), jedoch zusätzlich mit "Lagerhaltung", mit "Address-
      Datei"en für Lieferanten und Vertreter und mit Protokoll-
      Datei für die "Bilanz" (siehe dort).

T5   "Bilanz", z.B.

s a) Übungs-Modell mit "Auftragsabwicklung", "Umsätzen und Pro-
       visionen" (siehe dort) , turnusmäßige Bilanzierung, oder
ss b) realistisches Firmen-Modell.

T5   "Firmen-Gruppe" als Netzwerk (aus Teilbäumen, vgl.Skript) ,

m a) Aktualisierung (Zugänge, Abgänge) eines einfachen Firmen-
       Filialen-Baums, mit einfacher Ausgabe, oder
s b) wie a), jedoch echtes Netzwerk (Knoten mit mehreren Vorgän-
       gern) und Darstellung als Verweis-"Tabelle" (siehe dort) .

Industrielle Anwendungen

s T6 "Rohstoff-Bestellung", d.h. gegeben sind Matrizen für die
       Übergänge Rohstoff->Zwischenprodukt und Zwischenprodukt->
       Endprodukt sowie die gewünschten Endprodukt-Mengen, gesucht
       sind die erforderlichen Rohstoff-Mengen .

s T6 "Elektrisches Widerstandsnetz", d.h. Berechnung der Verbin-
       dungsströme und der Knoten-Potentiale in einem ebenen ,
       überschneidungsfreien Netz (vorgegebene Spannung und per
       Potentiometer voreingestellte Verbraucherstrom-Abflüsse).

ssT6 "Roboter",d.h. möglichst geradlinige Führung eines Roboters
       im Raum vom Punkt P1 zum Punkt P2 durch eine Folge von
       DREH(i,j,k) - Befehlen (i,j,k aus -1 Grad, 0 Grad, 1 Grad);
       mit drei Gelenken und drei Arm-Teilen, d.h. eine horizontal
       drehbarer (i) senkrecht stehender Fuß , ein daran vertikal
       drehbarer (j) Arm, ein daran vertikal (k) drehbarer Finger.

m T6 "Leuchtziffern", d.h. Anzeige von Ziffern mittels Leucht-
       elementen (z.B. 7 in Form einer Acht angeordnete Leucht-
       stäbe oder 15 oder 35 in Form eines Rechtecks angeordnete
       Leuchtpunkte). Man gebe die "lesbaren" Varianten vor und
       bestimme jeweils die Mindestanzahl verschiedener Leuchtele-
       mente zwischen den Zahlen (Hamming-Abstand).

Mathematische Anwendungen

T7   "Magische Quadrate" aus Zahlen 1,2,...,n*n (vgl. Skript)

s a) für beliebiges n ungerade (z.B. nach de la Loube're) oder
ss b) für spezielles n gerade (z.B. für n=6)

l T7   "n-Eck":

   a) Berechnung der Fläche oder
   b) Bestimmung des Schwerpunktes oder
m c) Prüfung auf Konvexität oder
m d) Prüfung, ob ein Punkt enthalten ist.

Biologische Anwendungen

m T9   Vermehrung von (Kaninchen-) Paaren,z.B.: Ein Paar wird nach
      einer Zeiteinheit fruchtbar und gebiert dann nach jeder
      folgenden Zeiteingheit ein neues Paar, d.h. (vgl. Skript)
      Tabelle der "Fibonaccizahlen" $f(1)$, ... , $f(40)$,
      $f(0)=0$, $f(1)=1$, $f(n)=f(n-2)+f(n-1)$ $(n=2,3,4,...)$

m T9   "Life" (Conway 1967), d.h. Individuen (notiert als"*") in
      einem ebenen Gitternetz (Leerzeichen ".") mit je 8 Nachbar-
      punkten werden geboren genau dann, wenn 3 Nachbarindivi-
      duen existieren, und überleben genau dann, wenn 2 oder 3
      Nachbarindividuen existieren . (ggf. Ränder links-rechts,
      oben-unten identifizieren , d.h. Torus = Reifen-Fläche) .

Textverarbeitung, Dokumentation, Präsentation

l X0   Text-Manipulation (als String,File,Baum, vgl. Skript) z.B.

   a) "Revert" (Umdrehen), rechtsläufigen Text linksläufig lesen,
   b) "Deutsche Umlaute",AE,OE,UE,SS wird Ä,Ö,Ü,ß oder umgekehrt,
s c) "Justify" (Randausgleich) , d.h. gleichverteilt Zwischen-
      raum in den Text einfügen, oder
m d) "Squash" (Zusammendrücken), d.h. aus dem Text äußeren Leer-
      raum und innere Mehrfach-Zwischenräume eliminieren.
   e) "Konsonantenschrift", d.h. Vokale eliminieren.
   f) "Morsen", d.h. Text wird Morse-Schrift oder umgekehrt.

m g) "Standardbrief" mit aktuell einsetzbaren Textparametern .

s h) "Silbentrennung" nach heuristischen Regeln, z.B.
      Dop-pel-kon-sonan-t oder Be-stand-teil.

ssX0   "Schlüsselwort-Index", d.h. Durchsuchen von m gegebenen
      (Titel-) Sätzen nach n gegebenen (Schlüssel-) Worten und
      Ausdrucken der Sätze (ggf. mehrfach) so,daß lexikographisch
      geordnet in der Mitte der Zeile das jeweilige Schlüsselwort
      steht und links und rechts anschließend die linken und
      rechten Restteile des Satzes (soweit in die Zeile passend).

Lit LITERATURVERZEICHNIS

Lit.1 Lehrbücher

(82) ISO: "Specification for Computer Language Pascal",
                           International Organization for Standardi-
                           zation, ISO 7185-1982, 1982

(85) Herschel, R.:   "TURBO Pascal"
                           (Hinweise auf ISO Sprachstandard)
                           Oldenbourg: München, Wien, 160 S., 1985
                           ISBN 3-486-29061-4

(86a) Erbs, H-E.,   Stolz, O.: "Einführung in die Programmierung mit
                           Pascal", 3. Auflage mit ISO Pascal Standard,
                           Teubner: Stuttgart, 240 S., 1986
                           ISBN 2-518-22506-9

(86b) Ottmann, T., Widmayer, P.: "Programmierung mit Pascal",
                           3. Auflage mit ISO Pascal Standard,
                           Teubner: Stuttgart, 256 S., 1986
                           ISBN 3-519-20084-8

(87) Gottfried,   B.S.: "Programmieren mit Pascal",
                           Mc Graw-Hill: Hamburg, 481 S., 1987
                           ISBN 3-89028-901-0, Disk. ISBN 3-89028-204-7

(89a) Leibrock, A.:   "Pascal Referenzhandbuch",
                           Einführung in ISO-Pascal mit Anwendungen,
                           Hanser: München, 200 S., 1989
                           ISBN 3-446-158448

(89b) Sonnenschein, M.: "Programmieren in Pascal",
                           (ISO Sprachstandard und) Turbo-Pascal,
                           Hüthig, 1989
                           ISBN 3-7785-1719-8

(90) Borland: "TURBO Pascal, Version 5.5",
                           DOS Compiler on 4 Disk., Users/ Reference G.,
                           Borland: München, Tel. 089/7258001, 1990

(91) Jensen, K.,   Wirth, N.: "Pascal-Benutzerhandbuch", Deutsche
                           Übers. der engl. 3.Aufl. (ISO Sprachstandard)
                           "Pascal, User Manual and Report" (1985),
                           Springer: Berlin, 266 pp., 1991
                           ISBN 3-540-52052-X deutsch

Lit.2 Anwendungen

(83) Hosseus,   Wettig: "Pascal für Kaufleute ",
               Oldenbourg: München, Wien, 1983
               ISBN 4-486-20313-4

(84) Erbs, H-E.   "33 Spiele mit Pascal und ...",
               Teubner: Stuttgart, MC-Praxis, 326 S., 1984
               ISBN 3-519-02518-3

(86a) Bielig-Schulz,   G., Schulz C.: "3D-Graphik in Pascal",
               Teubner: Stuttgart, MicroComputer-Praxis,
               ca. 250 S., 1986

(86b) Sand, P.A.:   "Pascal Programmiertechn. f. Fortgeschrittene"
               Modul. Progr., Bildschirm, Kalkul.-Progr.,
               Mc Graw-Hill: Hamburg, 590 S. , 1986
               ISBN 3-89028-038-0, Disk. ISBN 3-89028-205-9

(86c) Weber, W.:   "Pascal in Übungsaufgaben, Fragen - Fallen -
               Fehlerquellen", Hinweise zu Turbo-Pascal,
               UCSD-Pascal, Standard-Pascal nach DIN 66256,
               Teubner: Stuttgart, 152 S., 1986

(87a) Engeln-Müllges, G., Reutter: "Formelsammlung zur Numerischen
               Mathematik mit Turbo-Pascal-Programmen",
               Biblgr.Inst.: Mannheim, 1987

(87b) Horowitz, E.,   Sahni, S.: "Fundamentals of Data Structures
               in Pascal", 2nd Ed.
               Algorithms for data structures with examples
               Freeman: Oxford, 556 pp. 1987
               ISBN 0-88175-165-0

(87c) Schildt, H.:   "Professionelles Turbo Pascal", Sortieren,
               Suchbäume, Warteschlangen, dyn. Speicherung,
               Mc Graw-Hill: Hamburg, 302 S., 1987
               ISBN 3-89028-091-9

(88) Stuart, A.:   "Turbo-Pascal, Bildschirm-Ein/Ausgabetechniken"
               z.B. Fenster, schnelle Anzeige, Verschieben,
               Mc Graw-Hill: Hamburg, ca.450 S., 1987
               ISBN 3-89028-130-3 mit Begleitdiskette

(89) Beisel, E-P.,   Gößl, H., Mendel M.: "Pascal-Programme zu
               Optimierungsmethoden des Operation Research",
               Vieweg: Wiesbaden, 80 S., mit Diskette, 1989
               ISBN 3-528-06306-8

Ind ALPHABETISCHER INDEX

Dieser Index enthält alphabetisch geordnet die im Skript verwendeten Begriffe in Deutsch und Englisch.

Es wird nur auf die wichtigsten Vorkommen der Begriffe im Skript verwiesen. Die Hinweise beziehen sich auf die Abschnitte der Kapitel, z.B. 2.2.1 (Typvereinbarung), auf den Anhang, z.B. A.1 (eigenes Syntax-Diagramm), z.B. (A.1) (implizit in Syntaxdiagrammen), auf Übg (Übungsaufgaben) oder auf Lit (Literaturverzeichnis).

Strukturiertes Programmieren in C

Ein einführendes Lehrbuch

von Harry Feldmann

1992. XIV, 175 Seiten mit Diskette. Gebunden.
ISBN 3-528-05204-X

Strukturiertes Programmieren und C – ein Widerspruch in sich? Buch und Diskette von Professor Feldmann zeigen, wie beides zusammengeht und sinnvoll das Lernen der Programmiersprache C erleichtern.

C ist eine höhere, universelle Programmiersprache mit Blockstruktur, ist include-file-orientiert und zur Zeichenverarbeitung besonders gut geeignet. Didaktisch gut strukturiert, gibt der Autor einen Überblick über die historische Entwicklung, einfache Datentypen und den Programmaufbau, stellt Unterprogramme, maschinennahe Sprachelemente und Präprozessordirektiven dar. Syntaxdiagramme, Standard- und Nonstandardbibliothek ergänzen das für Anfänger und fortgeschrittene Studenten gleichermaßen geeignete Lehrbuch. Es werden die CtoAda-modifizierten Originalregeln von in Form von leicht lesbaren Syntaxdiagrammen verwandt und alle grammatischen Formulierungen ins Deutsche übersetzt.

Verlag Vieweg · Postfach 58 29 · D-6200 Wiesbaden 1